KAIST 멘토와 함께하는 리얼스터디

행복한 공부

KAIST 멘토와 함께하는 리얼스터디

행복한 공부

달과소

키위리얼스터디

정영출 대표

- 영어 영역 스타강사
- 매년 수십 명의 SKY, 의대 합격생을 배출한 입시컨설턴트
- 《초관리학습법》, 100만 학생이 읽은 영어교육서
  《영출영어》 (영어의 출발에서 영어의 출중까지) 저자

16년간 3,653명의 하위권 학생을 최상위권으로 이끌어 온 정영출 선생님은 카이스트 학생들의 자기주도 학습법에 착안하여, 학생들의 학습 효율과 마인드컨트롤을 돕는 멘토학습법을 연구·전파하고 있다.

100만 학생이 놀란 영어교육서 '영출영어(영어의 출발에서 영어의 출중까지)'와 진짜 공부이야기 '초관리 공부법'의 저자인 키위리얼스터디 정영출 대표.

그는 영어영역 스타강사이면서 매년 수십 명의 SKY 및 의대 합격생을 배출해 낸 입시컨설턴트이기도 하다. 지난 16년간 3,653명의 하위권 학생들을 최상위권으로 이끌어내면서 유명세를 탔다. 이러한 그의 경험과 연구를 토대로 완성된 것이 바로 '키위리얼스터디 시스템'이다. 카이스트 전문가 강사그룹과 함께 강남 대치동 이강학원에 출강하고 분당 아이엠 수학학원(수리논술전문학원)에서 만나볼 수 있다.

하위권을 최상위권으로 끌어올리는 학습법을 좀 더 많은 학생들에게 전수하기 위해 그는 카이스트 학생들을 활용하는 아이디어를 냈고, 그들과 단독협약을 맺었다. 카이스트 학생들의 자기주도 학습법을 학생들에게 전수하자는 취지다.

"그렇게 탄생된 것이 바로 키위리얼스터디에요. 특히 '카이스트 토요캠프'는 카이스트 재학생과 학생들이 멘토와 멘티 관계를 맺어 최고 수준의 공부를 경험하면서 공부방법과 학습에 대한 동기부여의 기회로 만드는 것을 목표로 설계했어요."

공부는 '머리'와 더불어 '엉덩이'의 힘으로 하는 것이라고 그는 강조한다. 성실함을 바탕으로 한 많은 노력들은 공부의 참맛을 느끼게 해줌과 동시에 진로에 대한 목표설정과 학습에 대한 강력한 동기를 부여하게 될 것이라고.

"헬렌 켈러의 성공에는 24시간 함께 하면서 변화를 이끌어낸 설리번이라는 멘토가 있었습니다. 설리번과 같은 카이스트 멘토 선생님과 24시간 함께 하면서 공부계기를 갖는 것은 학생들에게는 큰 선물입니다. 최고의 공신들과 하는 카이스트 토요캠프를 통해 학생들은 그동안 느꼈던 공부갈증을 해소하고 공부혁명을 경험하게 될 것입니다."

그리고 iPad를 통한 카이스트 선생님과의 1:1 학습 시스템은 국내 최고, 국내 최강을 자랑한다.

차 례
Contents

CHAPTER 1

행복한 공부란 무엇일까?

공부 못하는 아이가 힘든 것이 아닙니다. 공부하는 습관을 형성하지 못한 아이가 힘든 아이입니다. 공부에 대한 계기가 만들어지지 못한 아이가 힘든 아이입니다.

우리 부모들은 1등을, 100점을 원하지 않습니다. 변화하는 우리 아이들의 모습을, 하고자 하는 우리 아이들의 모습을, 긍정의 힘을 가진 우리 아이들의 모습을 보고 싶어 합니다.

TV, 인터넷, 스마트폰 환경에서 우리 아이들도 빠르게 변화하고 있습니다. 공부가 행복의 조건이 아니라고 스스로 위로와 합리화하려고 합니다.

공부를 통한 자기관리능력을 키운다면 행복으로 가는 가장 기본이 될 것입니다.

김혜숙 아이엠 수학학원장

행복과 공부, 얼핏 보면 두 단어는 창과 방패처럼 상당히 모순되게 느껴질 수 있다. 둘 사이에는 교집합이 될 만한 요소가 별로 없어 보이지만 행복의 주체는 '나' 자신이라는 점, 그리고 행복은 무엇인가를 생각하고 행동하는 과정에서 얻어지는 것이며 일회성이 아니라는 점, 이러한 특징들은 공부와 매우 유사한 데가 있다.

인생이라는 무대에서 우리는 많은 것을 경험한다. 그 무대에서 주인공 혹은 반동인물, 보조출연 등의 다양한 역할을 하게 된다.

그 중에서도 우리는 공부라는 경험을 누구나 하게 되는데, 그것을 경제학적 측면의 기회비용(opportunity cost)을 기준으로 관찰해 보면 흥미로운 사실을 발견하게 된다. 기회 비용이라는 것은 어떤 종류의 품목을 생산할 때, 한 품목의 생산으로 인하여 다른 품목을 생산할 기회를 잃게 되는 만큼의 비용을 뜻한다.

좀 더 쉽게 풀어서 공부를 하는 과정 중에 얻게 되는 것과 잃게 되는 것을 한번 생각해 보자.

공부를 하면서 잃게 되는 것은 컴퓨터 게임하는 시간, 운동하는 시간, 인터넷 서핑시간, 핸드폰 만지작하는 시간 등등이다.

공부를 하면서 얻게 되는 것은 부모님의 눈치를 보지 않아도 되고, 성적표가 집에 올 때 두려워하지 않아도 되고, 친구들과의 관계에서 성적으로 인한 뒤처짐을 경험하지 않아도 된다.

무엇보다 공부를 하면서 얻게 되는 자신감과 자기통제력은 인생이라는 무대에서 빛나는 주인공으로 나아갈 수 있는 가장 중요한 자질이다. 이러한 자신감과 자기통제력은 공부가 가져다 준 행복한 선물이다.

이 책에서는 '행복한 공부가 진짜 공부'라는 기치 아래 여러 가지 메시지를 학생들에게, 그리고 학부형들에게 전할 것이다.

본격적인 이야기를 시작하기에 앞서, 이해인 수녀님의 시 〈1%의 행복〉을 읽으며 행복 열매를 키워낼 작은 씨앗 하나를 마음 깊숙한 곳에 심어보자.

1%의 행복

사람들이 자꾸 묻습니다
행복하냐고
낯선 모습으로 낯선 곳에서
사는 제가 자꾸 걱정이 되나 봅니다
저울에 행복을 달면 불행과 행복이 반반이면
저울이 움직이지 않지만
불행 49% 행복 51%면
저울이 행복 쪽으로 기울게 됩니다

행복의 조건엔
이처럼 많은 것이 필요 없습니다.
우리 삶에서 단 1%만 더 가지면
행복한 겁니다
어느 상품명처럼 2%가 부족하면
그건 엄청난 기울기입니다

아마...
그 이름을 지은 사람은
인생에 있어서 2%라는 수치가 얼마나
큰지를 아는 모양입니다
때로는 나도 모르게 1%가 빠져나가
불행하다 느낄 때가 있습니다

더 많은 수치가 기울기전에
약간의 좋은 것으로 얼른 채워 넣어
다시 행복의 무게를 무겁게 해놓곤 합니다

약간의 좋은 것 1%
우리 삶에서 아무것도 아닌
아주 소소한 것일 수도 있습니다

기도할 때의 평화로움
따뜻한 아랫목
친구의 편지
감미로운 음악

숲과 하늘과 안개와 별
그리고 잔잔한 그리움까지

팽팽한 무게 싸움에서는 아주
미미한 무게라도 한쪽으로
기울기 마련입니다
단 1%가
우리를 행복하게 또 불행하게 합니다
나는 오늘
그 1%를 행복의 저울 쪽에 올려놓았습니다

그래서 행복하냐는 질문에
웃으며 대답했습니다
행복하다고.

꿈을 밀고 나갈 용기가 있다면
모든 꿈은 이루어진다

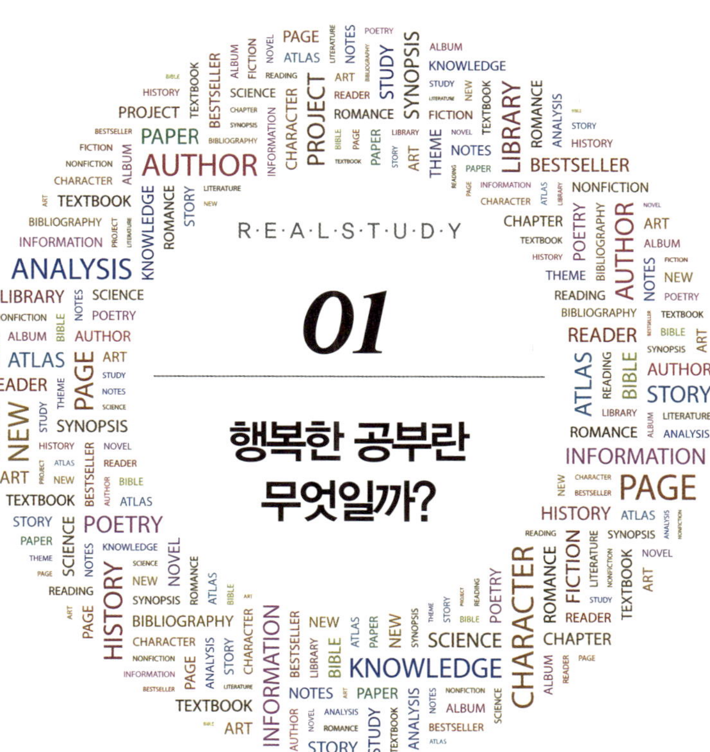
R·E·A·L·S·T·U·D·Y
01
행복한 공부란
무엇일까?

🎁 공부, 공부, 공부! 지겨운 돌림노래

인터넷게시판에 이런 제목의 글이 떴다. 이것을 보는 순간 교육전문가인 나 또한 숨이 턱하고 막힌다. 새삼 '진정한 공부가 무엇인가?'를 씁쓸하게 자문하지 않을 수 없다.

우리 주변에는 '공부' 때문에 너무나 많은 일이 일어나고 있다. '공부' 때문에 웃기도 하고, 속상하기도 하고 심지어 모든 것을 포기한 채 극단적 상황으로 가는 뉴스를 얼마든지 접할 수 있다. 교육열이 높은 나라라고, 그나마 우리나라가 이 정도의 생활을 누리며 살 수 있는 것은 모두 교육

덕분이라고 하지만 실제로 아이들의 행복을 보장하는 교육환경과는 거리가 멀다. 그저 옆집 아이보다 몇 점 더 앞서기 위한 경쟁의 허열만 들떠 있을 뿐이다.

공부에 대한 지대한 관심을 반영하듯 시중에는 공부를 주제로 한 수많은 책들이 나와 있어서 조금만 관심을 가져도 공부에 대한 많은 정보를 얻을 수 있다. 소위 학습 안내서라고 나와 있는 여러 책을 탐독해 보아도 '공부'에 관한 다양한 의견만 있을 뿐 정작 '공부가 무엇인지?', '공부를 해서 얻을 수 있는 것이 무엇인지?'에 대한 속 시원한 대답은 찾아보기 힘들다.

공부! 단순한 사전적 의미를 들추어 보면 "공부는 새로운 지식을 습득하는 일련의 행위"라고 한다. 표면적인 의미만 서술해 두어서 그런지 그렇게 피부에 와닿는 정의는 아닌 것 같다.

또 공부를 학벌과 연관시켜서 성공으로 가는 급행열차 티켓으로 묘사하는 경우를 흔히 볼 수 있다. 더군다나 요즘처럼 취업률이 저조하고 사회가 불안정할수록 공부를 발판 삼아 안정된 삶을 꾸려나가길 바라는 부모님들이 많다. 자녀들을 걱정하는 마음이 앞서다 보니 컴퓨터 앞에 앉은 아이에게 공부하라며 채근하게 되고 잔소리를 늘어놓게 된다. 아이들은 아이들대로 머리가 굵어질수록 '공부해라' 하고 말하는 부모님께 결연한 말투로 이렇게 대답한다. "행복은 성적순이 아니에요."

공부의 중요성을 이미 잘 알고 있는 부모 입장에서는 그 순간 '얼음'이 되어버린다. 그 다음 이어지는 뻔한 레퍼토리, "넌 커서 뭐가 되려고?"로 시작하는 잔소리 돌림노래가 지겹게 재생된다. 간혹 부드러운 부모님은 "그럼 너는 무엇을 하면 행복하다고 생각하니?"라고 한 발짝 물러서기도 하지만 이것 또한 오래 갈 수 없는 난처한 대화일 뿐이다. 문제의 핵심은 바로 이것 때문이다. 공부를 단순히 '성공으로 가는 지름길' 정도로 아이에게 인식시키려는 것에서 잘못이 시작된다.

공부는 몰랐던 것들을 새롭게 배우고 깨닫는 일련의 과정이다. 그런데 갑자기 공부가 인생의 성공 보증수표로 아이에게 다가오게 되면, 학업에 대한 스트레스는 물론이고 성공에 대한 압박까지 은연중에 가중되면서 혼란스럽고 거부감이 생기는 것이다. 더욱이 사춘기라는 오묘한 시기와 맞물리다보면 럭비공 튀는 것처럼 전혀 의도된 것과는 다른 결과가 나오게 된다. 더욱 우스운 이야기를 부모와 학생에게 꼭 전달하고 싶다.

공부클리닉에 가면 담당자나 혹은 선생님이 학생과의 대화를 이런 식으로 이끌어 간다.

“너는 무엇을 원해?” “넌 뭘 가지고 싶니?” 라고 질문을 던지자 학생이 이렇게 답했다.

“자동차를 좋아하는데 특히 벤츠를 타보고 싶어요”

학생의 이러한 대답을 듣고 나면 선생님은 정해진 코스를 밟기 시작한다.

“그럼 벤츠를 어떻게 하면 가질 수 있을까? 그 차를 소유하려면 돈이 얼마가 필요할 테고, 그 돈을 벌려면 어떤 종류의 직업을 가지면 좋겠다. 이러쿵 저러쿵 ….”

“결국 원하는 것을 얻으려면 공부를 잘해야 한단다.”

“자, 지금부터 열심히 공부해보자.”

여러분이 보기에 과연 이 학생이 상담을 받고 난 이후 특별한 효과나 마음의 변화를 일으켰을까? 어쩌면 이 학생은 차에 대한 흥미까지 사라지면서 벤츠는커녕 뻔한 정답이 버티고 서 있는 그 자리를 1분이라도 빨리 벗어나고 싶었을지 모른다.

◈ 내 의지가 담겨 있어야 진짜 공부!

우리나라 사람들은 교육에 있어서만큼은 유난히 다른 사람들의 말에 휘둘리는 경우가 많다.

옆집 아이가 어느 학원을 다닌 이후 성적이 올랐다 하면 내 아이도 그 학원으로 보내고, 남들이 중학생이 되자마자 수학정석을 시작했다고 하면 내 아이도 서둘러 선행학습을 시키고, 방학 동안에는 남들이 그러는 것처럼 영어캠프쯤은 보내야 시간을 알차게 쓴 것 같고, 흥미유발학습, NIE학습, 스토리텔링 학습법 등 매체를 통해 요즘은 이러한 학습법이 대세입니다 하는 이야기가 흘러나오면 의심 없이 그 길을 따라나선다.

매일 영어 단어 70~100개를 외우고, 수학 문제를 하나라도 더 맞히려 애쓰고, 수년 뒤에 볼 논술고사를 대비해서 미리미리 독서에 열을 올린다. 하지만 정작 영어를 왜 공부하는지, 수학은 왜 공부하는지, 책은 왜 읽는지, 나아가 지금 나는 공부를 왜 하고 있는지에 대한 큰 물음표는 띄울 줄 모른다. 학원을 다니게 됐으니까 다니고, 인터넷 강의를 끊었으니까 강의 화면을 켜둔 채 부모님 눈을 피해 인터넷을 하고, 게임을 할 뿐이다.

학생들은 부모님 손에 이끌려 바쁘게 움직이지만, 안타깝게도 그 결과는 신통치 않다. 책상 앞에 오랜 시간 앉아 있는데도 결과가 만족스럽지 않은 이유가 뭘까?

그것은 바로 공부에 대한 학생의 자각, 자기의지가 빠져 있기 때문이다. 지금껏 자기 의지와는 무관한 남의 손에 끌려 다니는 공부를 해왔기에 많은 시간을 투자해도 좀처럼 효율적인 결과를 거둘 수 없었던 것이다.

“마당비 드니까 마당 쓸라고 한다”는 말처럼 애초에 뭔가를 하려는 의지가 있었더라도 다른 사람이 옆에서 훈수를 두거나 명령을 내리면 의욕적이던 내 마음도 언제 그랬냐는 듯 시큰둥해진다. 그만큼 나의 생각을 완결된 행동으로 옮기기까지 자발적인 ‘나의 의지’는 중요한 것이다.

의욕을 꺼뜨리지 않고 계속해서 진행해 나갈 수 있도록, 마음의 열기를 유지하기 위해서는 깊이 있는 고민 끝에 세운 뚜렷한 나의 목표가 있어야 한다.

공부를 시작하기에 앞서 잠시 펜을 내려놓고 나만의 시간을 가져보자. 다른 사람들의 말은 일단 저리 치워두고 스스로에게 질문을 던지는 것이다.

공부를 왜 해야 하는지, 공부를 하면 무엇을 얻을 수 있겠는지, 어떻게 해야 내가 행복한 공부를 할 수 있는지, 나는 어떤 삶을 꿈꾸고 있는지 그에 대한 답을 반드시 스스로 정리해 보아야만 한다.

이러한 질문들에 하나둘 진지하게 답을 내리다 보면 자연스레 목표의식이 생기고, 공부에 대한 필요성도 절실히 느끼게 된다.

　나의 생각이 반영된 공부와 그렇지 않은 공부, 필요성을 자각한 공부와 그렇지 못한 공부는 하늘과 땅만큼이나 차이가 크다.

◆ 유태인에게 배우는 달콤한 배움의 맛

위의 인물들은 특별한 공통점이 하나 있다. 이들은 모두 유태인이다. 유태인들은 세계 인구의 0.4%도 채 안 되지만 금융·정치·예술·과학 등 다양한 분야에 걸쳐 전 세계적으로 막강한 영향력을 발휘하고 있다.

유태인의 위상 때문인지 그들의 교육법을 다룬 책은 수 없이 많다. 유태인만의 특별하고 독창적인 교육방법이야 여러 가지가 있지만, 그중에서도 아이들이 공부를 시작하는 초등학교 등교 첫날의 광경은 유심히 살펴볼 만하다.

설렘을 가지고 교실에 발을 들인 아이들에게 꿀(설탕)로 히브리어 알파벳을 써둔 달달한 케이크를 선물한다. 외국의 유태인 학교에서는 다윗의 별이라고 불리는 별 표식으로 케이크를 장식해서 선물한다고 한다.

아이들은 케이크 위의 알파벳 모양(또는 별모양)을 손가락

으로 따라 그리면서 글
자를 익히고, 선생님은
오늘 배운 알파벳 글자
로부터 모든 배움이 시
작된다고 학생들에게 이
야기해준다.

'배우는 일은 꿀처럼
달고 맛있다' 는 중요한
메시지를 일상적인 상황
안에서 넌지시 전하는
것이다.

아이들이 학교에 대해 갖게 되는 긍정적인 이미지는 앞
으로의 학교생활에 기대감도 높여주게 되고, 자연스레 지
혜의 열매 역시 꿀처럼 달다는 배움에 대한 호의적인 인식
을 갖게 되는 것이다.

공부가 도대체 뭐야? 왜 해야 하는데?

유태인 속담 중에 "지혜를 가진 자가 모든 것을 가진 자"라는 말이 있다. 부도 명예도 아닌 지혜를 가진 자가 모든 것을 가진 사람이라니 유태인들이 얼마나 지혜를 가진 사람들을 존경하고 추앙하는지를 알 수 있다.

우리는 대개 경험을 통해서, 어른들의 이야기를 통해서, 공부를 통해서 지혜를 얻을 수 있다. 지식의 조각들이 생각이라는 거대한 용광로를 만나 한데 녹아내리면, 우리는 단단한 금속을 제련하듯 빛나는 눈으로 지식의 면면들을 깊게 응시하고 성찰하는 시간을 가지면서 지혜의 보석을 건질 수 있게 된다. 그중에서도 가장 효과적으로 그리고 체계적으로 지혜를 얻을 수 있는 방법은 바로 공부를 통해서다.

그리고 공부를 하다 보면 단순히 지식만 쌓는 게 아니라, 공부를 행하는 그 시간 동안 일종의 수련(Training)을 경험하게 된다. 이러한 시간들을 통해서 마음조절(Mind Control)까지 가능해진다.

공부는 변화이다. 모르는 상태에서 아는 상태로의 변화이다. 할 수 없는 상태에서 할 수 있는 상태로의 변화이다. 이러한 변화를 지속적, 반복적으로 요구하는 것이 바로 공부이다. 그래서 공부를 하게 되면 성숙한 인간으로 성장하게 되는 것이고 이 과정에서 습관이 형성된다.

우리는 흔히 공부를 잘 하는 학생과 공부를 못 하는 학생으로 나누곤 한다. 하지만 이것은 별로 정확한 구별이 아니다. 정확하게 표현해 보자면, 공부를 잘하는 습관이 형성된 학생과 공부를 못하는 습관이 형성된 학생으로 구별하는 것이 옳다.

공부를 잘하는 학생을 자기관리가 매우 우수하다 보니 생활 측면에서도, 성적에서도 우수하게 나타난다. 또한 자기통제력(Self Controlled)이 매우 잘 작동하고 모든 일을 긍정적으로 생각하는 힘이 매우 강해서 어떤 어려움이 닥치더라도 그것을 극복하고자 한다.

이렇게 마음을 늘 긍정적인 상태로 유지하려는 일련의 과정들이 습관으로 형성되었을 때, 공부하는 데 즐거운 변화가 일어나기 시작한다. 단순히 공부를 성적 향상이나 명예와 부가 보장된 삶의 보증수표로 인식하는 것과는 아예 접근 방식 자체부터가 다르다.

우리가 공부에서 얻게 되는 지혜와 즐거운 변화는 학생들에게 행복한 삶을 열어주는 중요한 열쇠가 될 것이다. 그리고 이것이 바로 '진짜 공부(Real Study)'의 출발점이다.

운명을 바꿀 수 있는 것은 지혜와 사소한 습관이다.

운동하는 습관
공부하는 습관

하는 습관

습관

하지 않는 습관

생각하지 않는 습관
머리를 쓰지 않는 습관

공부에 있어 치명적인
하지 않는 습관
① 복잡한 것을 하지 않는 습관
② 추상적인 것을 생각하지 않는 습관
③ 시간과 노력을 투자하지 않는 습관
④ 집중을 하지 않는 습관

◆ 행복한 공부가 가져다주는 선물

처음 이 책을 기획하는 단계에서부터 다음과 같은 큰 틀을 구상했다.

> 첫째, 모든 명제들에 대한 정확한 개념정리를 하자.
> 둘째, 모든 명제들에 대한 특징을 뚜렷하게 하자.
> 셋째, 실질적이고 구체적으로 획득할 수 있는
>
> 　　　방법론(로드맵)을 제시하자.

'행복한 공부가 진짜 공부'라는 기치 아래 이 책이 추구하는 것 중 하나가 구체적이고 실질적인 방법론이다.

그동안 공부에 관한 수많은 책들이 성적을 올리는 기술적 측면을 강조해왔지만 그 결과는 어떠한가? 학생이 행복함을 느꼈는가? 부모도 함께 행복해졌는가? 궁극적으로 학생이 공부를 통해서 얻은 것은 무엇인가?

지도하는 학생들뿐 아니라 부모님들과도 이런 내용으로 깊이 있게 대화를 나누다보면, 그들이 정말로 원하는 것은 따로 있었다.

진심으로 그들이 원하는 것은 1등이나 높은 점수에 대한 열망이기보다 내 아이가 앞으로 긴 인생을 사는 동안 훌륭한 자산이 되어줄 성취감, 자신감, 자기통제력과 같은 긍정적인 경험을 쌓을 수 있기를 바랐다.

초·중·고등학교를 다니는 동안 어느 한 순간만이라도 공부가 주는 성취감과 행복을 느끼게 된다면, 그런 소중한 경험이 성장과 발전을 이끌어줄 작은 계기가 된다면 바로 그 지점부터는 우리들의 삶을 한결 바람직하고 풍요로운 방향으로 이끌고 갈 수 있다.

수많은 학생들과의 깊이 있는 상담 속에서 나는 한 가지

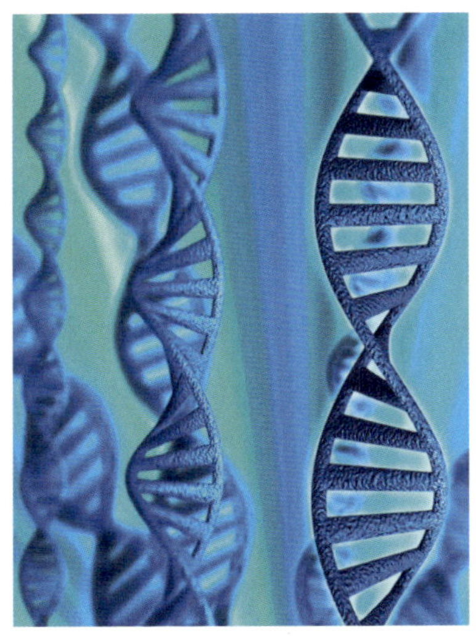

중요한 사실을 발견했다. 현재의 성적이 조금 모자라더라도 성장 가능성이 있는 학생과 공부를 잘하는 학생들은 특별한 '긍정의 힘'을 가지고 있었다.

수세기 동안의 누적된 인간의 DNA 속에는 긍정보다 부정의 수치가 높게 나온다.

예를 들어 2시에 강남역 3번 출구에서 엄마랑 만나기로 약속했다고 상상해보자. 그런데 엄마가 핸드폰을 두고 나오시는 바람에 서로 연락할 방법이 없다. 아들은 먼저 강남역에 도착해서 기다리고 있지만 엄마는 5분, 10분이 지나도 감감무소식이다. 아들은 점점 마음이 불안해지기 시작한다.

대부분의 자녀들이 이런 상황에 처한다면 어떤 생각을

하게 될까? 엄마가 오시다가 좋은 일이 있어서 늦는 거라고 생각할까? 아니면 혹시 무슨 일이라도 생긴 건 아닌지 걱정을 할까?

이런 상황에 놓이게 되면 누구나 부정적 생각을 먼저 떠올린다. 그것이 경험의 산물이건 오랜 시간 누적된 DNA의 특질이건 간에 부정적 생각이 먼저 치고 나오는 걸 어떻게 막을 수가 없다.

다른 예를 한 가지 더 들어보겠다. 중간고사를 준비하는 중학생의 입장에서 '이번 시험은 무조건 100점이야!' 라는 생각과 '이렇게 열심히 노력했는데도 성적이 안 나오면 어떡하지?' 라는 생각 중에 학생들의 마음은 어느 쪽으로 마음이 기울기 쉬울까? 아마도 적지 않은 수의 학생들이 지레 걱정을 하는 후자의 감정에 휩싸이게 될 것이다.

그동안 우리나라 교육계의 풍토는 성적을 올리는 기술적 측면만 강조해왔다. 공부를 시작하기에 앞서 학생들의 마음에 긍정적인 기운을 불어넣어주려는 노력이나, 침착하게 안정감을 줄 수 있도록 학생들의 심리적 부분까지 두루 살펴보는 노력과 연구는 매우 인색하기까지 했다.

좋은 성과를 내기 위해 기능적인 부분에 치중하던 교수법 대신 이제는 학생들의 마음까지 헤아려줄 수 있는 따뜻한 보살핌이 필요한 때다.

긍정의 수치가 높은 학생일수록 성공경험을 더 많이 하게 되고, 성적도 좋게 나올 뿐만 아니라 인생이라는 무대에서도 좋은 결과를 끌어낼 확률이 높다는 연구 결과는 이미 많이 나와 있다. 작은 눈덩이도 굴리면 굴릴수록 그 덩치가 커지는 것처럼, 이런 소소한 성공경험이 쌓이고 쌓여 자신감과 성취감을 배가시켜주는 스노우볼 효과로 이어지는 것이다.

이와 반대로 부정적인 기운이 강한 학생들은 모든 면에 걸쳐서 마이너스 효과가 나타나게 된다. 부정적 감정이 시간이 조금씩 쌓이다 보면 이내 자신감이 결여되고, 마음에서부터 시작되는 변화의 동력을 잃게 되면 생각의 키도, 마음의 키도 좀처럼 성장하지 않는다.

옛말에 일체유심조(一切唯心造)라는 말이 있다. 모든 것은 마음먹기에 달렸다는 뜻이다. 부정적으로 생각하면 나의 상황을 더 힘들게 하는 부정적인 말이 나오고, 결국에는 부정적인 결과가 뒤따른다. 하지만 긍정적으로 생각하면 힘든 상황 속에서도 나를 격려하는 긍정적 말이 나오고, 끝내 모든 어려움을 극복한 긍정적인 결과가 나온다.

긍정적인 마음 자세를 유지하면서 좋은 결과를 이끌어내고 나아가 온전한 행복을 누리고자 노력하는 것, 이것이 바로 우리들이 추구해야 할 행복한 공부이자 진짜 공부의 출발점이다.

어느 소년 소녀들이나 알고 있다.
봄이 말하는 바를.

살아라, 뻗어라, 피어라, 바라라,
사랑하라, 기뻐하라,
새싹을 움트게 하라.

몸을 던져 삶을 두려워 말라!

– 헤르만 헤세 –

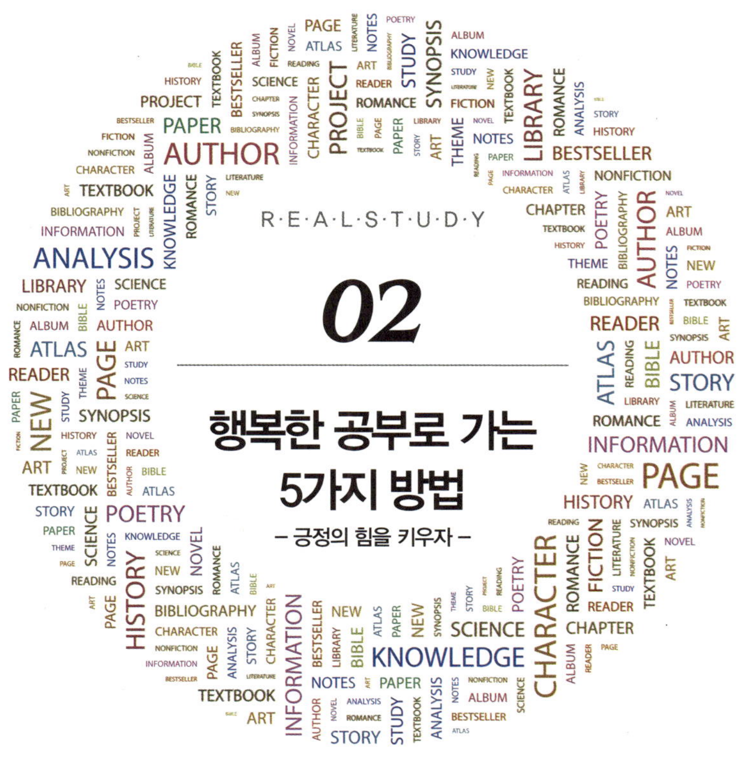

R·E·A·L·S·T·U·D·Y

02

행복한 공부로 가는
5가지 방법

- 긍정의 힘을 키우자 -

하나, 말이 씨앗이 된다
말이 생각을 이끌어간다

인간을 표현하는 말 중에 '호모 로쿠엔스(Homo Loquens)' 라는 표현이 있다. 이것은 바로 언어를 사용하는 종 (Species)을 의미한다. 언어와 생각은 떼려야 뗄 수 없는 긴밀한 관계를 갖는다.

먼저, 자기 자신에게 '너는 할 수 있다'라는 표현을 수시로 해보자. 혼잣말로 속삭이든지 큰소리로 말하든지 틈만 나면 하루에도 몇 번씩 하는 것이다.

이왕이면 큰소리로 외쳐보자. 나의 다짐을 청각으로 들

게 되면 효과는 더 크게 나타난다.

거울을 보며 '나 자신은 영어 천재이다'라고 한번 말해보자. 아직 현실은 그렇지 못하더라도 그렇게 나의 마음을 다지다보면, 엄청난 긍정의 에너지가 흐르면서 자신감으로 연결된다. 엄마, 아빠, 혹은 삼촌, 이모처럼 학생 주변에 있는 사람들이 함께 이와 같은 방식으로 용기를 불어넣어준다면 그 긍정 에너지는 몇 배로 커지며, 효과 역시도 기대 이상으로 나타난다.

나의 생활 반경 안에 몇 마디 말을 심어 두고, 마음을 굳게 먹자. 나의 다짐을 입 밖으로 꺼낼 용기조차 없다면, 그 다짐을 현실로 만들 만한 용기도 모자란 사람일 것이다. 당당하게 나 자신을 응원하라!

💎 둘, 작심삼일을 역이용하자

작심삼일(作心三日), 마음먹은 일을 3일만에 포기하는 게 아니라 단 3일만이라도 열심히 해보자는 것이다. 무엇인가를 생각한 뒤 행동으로 옮기고자 할 때 우리는 '마음먹었다'라는 표현을 쓴다. 3일도 못가는 '작심(作心)'을 우습게 여기는 사람이 많지만, 사실 마음을 단단히 먹고 새로운 출발점을 만드는 과정도 생각만큼 녹록지 않다.

왜냐면 수많은 유혹과 해보지 않은 것에 대한 두려움, 실패에 대한 걱정, 지금 이대로의 편안함 등 이런 감정들

이 굳이 움직이지 않아도 된다고, 제자리에 머물러 있으라고 계속 권하기 때문이다.

용기를 내서 뭔가를 해내겠다고 마음을 먹은 뒤에도 여러 가지 유혹이 계속 따라붙는다. 내가 세운 다짐과 계획, 그리고 내가 원하는 결과 이 둘 사이에는 행동이라는 징검돌과 유혹이라는 진흙탕이 함께 자리 잡고 있다.

'오늘 하루 쉰다고 해서 특별히 결과가 나빠지는 건 아니잖아? 오늘까지만 노는 거야', '딱 1시간만 놀고 그 뒤에 더 많이 공부하면 괜찮아.' 순간의 유혹은 이렇게나 달콤하다. 막상 계획했던 것처럼 노력하려니 힘에 부치고, 게으름이 심술을 부리기라도 하는 날이면 작심삼일은커녕

작심 하루, 작심 한 시간이 되기 일쑤다

자, 그렇다면 어떻게 해야 될까? 우선 처음부터 무리한 계획을 세우면 안 된다. 특히나 의지력이 약한 사람이라면 더더욱. 1년치의 계획을 세워놓고 딸랑 3일만 지킨 뒤에 모든 걸 포기하기보다, 애초에 목표치를 설정할 때 자기가 감당할 수 있는 범위 안에서 계획들을 잘게 나누어 놓는 편이 낫다.

3일 정도 노력하다 때려 치는 그저 그런 작심삼일 말고, 나의 마음을 있는 힘껏 다해보는 '최선의 작심삼일'을 만들어 보자. 최소한 3일만이라도 나의 계획들을 착실하게 행동으로 옮겨 본다면 그 짧은 시간 속에서도 성취감과 행복을 맛볼 수 있다. 그리고 그 계획을 성실함으로 채우는 시간들을 3일에서 5일, 5일에서 1주일, 1주일에서 2주일, 이렇게 야금야금 늘려나가는 것이다.

인터넷, 게임, 웹툰, TV, 카톡 대화 같은 눈앞의 기쁨을 잠시 밀어두고 내가 마음먹은 것에 집중해보자. 공부를 하던 중에 저런 오락거리들이 눈앞에 아른거린다면, 그럴 때는 아예 공부까지 잠시 멈추고 10분 정도 차분하게 숨을 고르는 것도 좋은 방법이다.

잠깐 동안 오락이나 친구와 문자로 대화하면서 10분을 보내거나, 가만히 참으면서 10분이라는 시간을 보내거나 모두 10분이라는 시간을 낭비하는 건 마찬가지다.

하지만 게임이나 컴퓨터를 하면서 흘려보내는 10분은 노는 쪽으로 정신이 한껏 집중되어버려서 시간이 흘러가는 것을 체감하기 힘들다. 반면 아무것도 하지 않고 가만히 견디는 10분은 시간의 흐름을 체감할 수 있을뿐더러. 내가 지금 유혹에 휘말리지 않고 잘 견디고 있음을 스스로 깨닫게 해준다. 그렇게 10분을 잘 참고 나면 유혹을 떨쳐냈다는 자신감까지 획득할 수 있다.

내 눈앞의 오락거리들을 두고 나의 통제력으로 눌러놓자. 그리고 그것들이 더 크고 값진 기쁨으로 돌아올 수 있도록 의연히 기다려보자. 고난과 어려움이 크면 클수록 기쁨과 해냈다는 성취감 또한 2배가 되어서 나에게 돌아온다. 내 노력의 열매는 성실하게 흘린 땀을 먹고 자란다.

❖ 셋, 나만의 멘토를 만들고 활용해보자

긍정의 힘을 키우는 데 가장 효과적이고 능률적인 방법 중의 하나가 학생 곁에서 멘토가 도와주는 방법이다. 상황이 된다면 전문적인 멘토와 함께하는 것이 더욱 효율적인 결과를 가져온다.

경험이 뒷받침되는 사람과 함께 있으면 '이럴 때는 어떤 상황이 되겠구나', '저럴 때는 어떤 감정에 빠져 있겠구나'라고 One Point Lesson을 해줄 수 있는 것이다.

단, 여기에서 중요한 점 두 가지가 있다. 먼저 선생님 혹

은 강사는 멘토의 의미와 일치하지 않는다. 왜냐면 선생님과 강사는 일방적인 형식으로 수업 내용을 학생들에게 전달하려는 경향이 있고, 일방적인 의사소통 방식을 취한 상태에서 가르침이 이루어지기 때문에 서로 교감을 주고받는 멘토 본질의 성격을 놓쳐버릴 수 있다.

그리고 부모님 역시 공부에 관한 멘토보다는 인생에 관한 멘토 역할을 해주는 편이 좋다. 실제 교육현장에서 부모님이 학생의 공부 멘토 역할을 하는 것을 보면 높은 점수를 주기 힘들다.

특히 고학년이 될수록 부모님이 공부 멘토 역할을 하는 것은 적합하지 않다. 부모는 자녀를 따뜻한 사랑으로 포용하고 이끌어주는 인생 멘토가 되어주는 것이 가장 이상적이다.

그리고 멘토라고 해서 반드시 살아있는 사람만이 그 자릴 채워줄 수 있다고 생각할 필요는 없다. 독서를 통하여 여러 위대한 인물을 멘토로 만날 수도 있음을 기억하자.

1806년 5월 20일 영국 런던에서 태어난 존 스튜어트 밀은 지극히 평범한 아이였다. 그는 8살에 독서를 통하여 두뇌의 기쁨을 경험하였고 시간이 지나 그는 철학, 경제학, 사회학의 최고 지성인이 되었다. 물론 그 역시도 처음 독서를 시작할 때는 고통스러웠지만 독서가 기쁨으로 바뀌는 순간 이러한 성장과 변화가 일어난 것이다.

📦 넷, 가정을 천국으로 만들자

하루의 시작과 끝을 보내는 공간이자 포근한 감정의 안식처가 되는 곳이 바로 가정이다. 가정 그 자체가 행복의 근원이자 뿌리라는 사실을 명심하자.

아이에게 좋은 성적을 강요하며 아이가 놀고 있는 것을 볼 때마다 공부하기를 채근하는 부모들을 종종 볼 수 있다.

성적에 대한 압박은 심하게 주면서도 정작 아이들이 편한 마음을 가질 수 있도록 따뜻한 환경을 만들어주지 못하는, 욕심만 앞서는 부모들의 모습을 볼 때면 안타깝기 그지

없다.

가정의 행복을 이루는 데 있어 무엇이 가장 중요한 것인지를 깨닫게 해주는 이야기 한 편을 소개해 본다.

어느 부인이 외출을 했다가 집으로 돌아가는 길에 처음 보는 노인 세 명을 보게 되었다. 집도 없이 떠도는 노인들이라고 생각한 부인은 그들의 처지가 안쓰러워 자신의 집으로 가서 뭐라도 먹고 가기를 청했다. 그런데 노인들은 집안에 남편이 있는지를 묻더니 부인이 없다고 대답하자 그러면 들어갈 수 없다고 그녀의 제안을 사양했다.

저녁이 다된 시각 그녀의 남편이 집에 돌아오자 부인은 낮에 있었던 노인들의 이야기를 말해주었다. 남편은 지금이라도 그 분들을 모셔오라고 했고, 부인은 다시 밖으로 나가 세 명의 노인들에게 들어오시라고 손짓을 해보였다. 그러자 이번에는 노인들이 이렇게 대답했다.

"우리들은 같은 집에 함께 들어갈 수 없습니다."

부인이 의아한 표정으로 쳐다보자 한 노인이 다른 노인들을 가리키며 대답했다.

"이 사람은 부(富)입니다. 저 사람은 성공, 그리고 저는 사랑입니다. 우리는 함께 들어갈 수가 없으니 우리 중의 누구를 초대할 것인지 남편과 잘 상의해 보시오."

다시 집으로 들어온 부인은 방금 나눈 이야기를 남편에게 설명해 주었다.

남편은 부 노인을 모셔오자 하고, 부인은 성공 노인을 모셔오자 하고 서로 의견 차이를 보이던 그때, 잠자코 엄마 아빠의 대화를 듣고 있던 막내딸이 사랑 노인을 초대하자는 의견을 냈다.

딸의 의견을 존중하기로 한 엄마와 아빠는 밖으로 나가서 사랑 노인을 초대하기로 결정했다는 이야기를 전하자, 사랑 노인이 일어나 성큼성큼 그들의 집으로 들어가더니 이어서 부 노인과 성공 노인도 그 뒤를 따라 들어갔다.

"저희는 사랑을 들어오라 했는데 왜 당신들도 함께 들어오시나요?" 하고 묻자 노인들은 이구동성으로 대답했다.

"만약 당신이 부나 성공 중 한 명을 초대했다면 나머지 두 명은 같이 들어갈 수 없었을 것이오. 하지만 당신들은 사랑을 들어오라 했소. 사랑이 있는 곳에는 우리 둘도 함께 따라간다오."

가정의 행복을 위해 아빠는 일을 하고, 엄마는 집안을 가꾸고, 아이는 아이대로 학교를 열심히 다니고 각자 자기의 몫을 다하기 위해서 노력하는 것이 행복한 가정의 기본이다.

사람들은 다른 사람들의 행복한 모습을 바라보며 자신의 행복은 저 멀리 있을 거라고 착각하고는 한다. 행복은 까치발을 들어도 손댈 수 없을 만큼 높은 곳에 위치한 희귀한 보물이 아니다. 너무나도 사소하고 평범한 것에서부터 시

작하기에 행복을 우리의 발아래에 두고서도 찾지 못할 뿐이다.

　돈이 많다고 해서, 아버지의 직업이 좋다고 해서, 아이가 공부를 잘한다고 해서 꼭 그 가정이 행복하기만 한 것은 아니다. 그러한 요소들이 빠져 있다 해도 사랑의 기운 속에서 행복함을 느끼며 사는 사람들이 많다는 것을 기억하자.

　행복한 가정은 우리에게 큰 안식이자 든든한 울타리가 되어 준다. 부모의 태도, 행동, 정서는 오롯이 자녀의 삶에 영향을 미치고, 부모가 행복하면 아이도 행복하고 아이가 행복하면 부모도 행복해진다. 부모에게 사랑을 많이 받은 아이일수록 학업성취도가 우수하게 나타나는 것은 물론이거니와 훗날 행복하고 성공적인 삶을 살게 된다는 연구결과가 익히 나와 있다.

"행복한 가정은 미리 누리는 천국이다" 이 말을 항상 마음에 담아두자. 우리 아이들도 지옥보다는 천국에서 하는 공부가 행복할 테니까.

다섯, 관심 그리고 반복과 지속의 위대함을 경험하자

학생들과 첫 면담을 하고 나면 작은 화분을 선물로 준다. 이때 화분을 받아든 학생들은 하나같이 의아한 표정이다.

'선생님이 왜 이걸 나한테 주시지?'

한 달 후 화분에 대한 이야기를 나누어보면, 내가 그때 학생에게 전달하려 했던 메시지를 학생들이 정확하게 알고 있는지를 알아볼 수 있다.

식물을 키울 때는 지속적이고 반복적인 관심이 필수다. 이것을 누구의 지시에 따라 물을 주고 햇볕을 쬐여주고 하

는 게 아니라, 어디까지나 자신의 의지로 식물을 키우게 된다. 이러한 체험을 하는 동안 학생들은 '관심'의 중요성에 대해 저절로 깨닫게 된다. 그런 깨달음의 계기를 마련해 주기 위해 학생들에게 작은 화분을 선물로 주는 것이다.

식물을 잘 키워내는 사람들을 유심히 지켜보면 이러한 특징들을 발견할 수 있다. 그들은 정해진 시간에 물을 주고, 햇빛을 쬐어 주는 규칙성을 띄고 있고, 며칠 만 애정을 주다 마는 짧은 관심이 아니라 지속적으로, 한결같은 마음으로 식물에 관심을 쏟는다. 그리하여 끝내 마음으로 키워낸 식물들이 꽃을 피워내고 열매를 맺게 하는 좋은 끝을 만든다.

그와 마찬가지로 우리의 일상에서도 반복적으로, 그리고

지속적으로 관심과 노력을 기울이면 부족했던 부분은 차츰 차츰 보완할 수 있고, 흥미와 재능이 있었던 분야라면 많은 것을 성취할 수 있다.

요즘 세태는 공부하느라 힘든 아이들을 위해 부모님들이 너무 많은 것을 봉사하고 떠받든다. 엄마, 아빠보다 키는 한 뼘이나 더 큰 아이들을 위해 부모님은 기꺼이 희생하길 주저하지 않는다.

"너는 공부만 해. 나머지는 모두 내가 할게."

이것은 결코 우리 아이들을 올바르게 키워내는 방법이 아니다.

자기 방 청소, 세심하게 준비물 챙기는 것, 일주일에 한 번 실내화 빨기, 그리고 자기 속옷 정도는 스스로 빨아 입는 것. 이러한 작은 노력과 부지런함이 실제 생활에 닿아 있을수록 우리 아이도 성실하고 부지런한 사람으로 자라날 수 있다.

사소한 부분에서 나타나는 삶의 자세를 통해 우리 아이가 진짜 공부를 시작할 준비가 되어 있는지, 행복한 공부를 꿈꿀 수 있는 사람이 될만한지를 가늠할 수 있는 것이다.

스스로 하는 일이 많을수록, 스스로 하는 공부도 잘할 수 있는 법이다. 아이가 처음 자전거를 타던 그날, 자전거의 뒤를 잡아주던 엄마, 아빠의 든든한 손길도 아이들이 어느 정도 크고 난 뒤에는 도리어 아이들이 속도내어 달려나가는 것을 방해할 수 있다.

어느 정도 아이의 머리가 굵어지고 나면 보조바퀴를 떼어내고 당당히 스스로의 주행을 시작할 수 있도록 한 걸음 떨어져서 격려하는 박수를 보내주는 것이 우리 아이의 더 큰 성장을 가능케 한다.

그리고 이러한 아이들의 독립성은 자기에게 주어진 시간들을 착실하게 채워나가는 성실함, 지속적이고 반복적으로 이루어지는 행동들을 충실히 수행해 나가는 꾸준함을 기반으로 한다는 것을 염두에 두자.

01 카이스트 토요캠프

• 동기부여 형성, 공부방법 전수, 공부습관 형성

카이스트 멘토 선생님과의 만남, 스터디를 통해 변화를 모색한다. 이 카이스트 토요캠프는 멘토 1인이 소수의 학생을 전담하여 진행하는 밀착 캠프이다.

카이스트 선생님의 공부에 관한 따끈한 동기부여 형성뿐만 아니라 과목별 공부방법까지 전달하며 카이스트 멘토와 공부치료(Healing)가 가능하다. 더욱 큰 차별화는 상위권 · 중위권 · 하위권 전담 카이스트로 등위를 구별해서 기존의 무조건적인 캠프와 질적 · 양적 측면에서 비교를 거부한다.

**• 카이스트 멘토 1명에 학생 멘티 4명
  최소그룹으로 밀착력 높여**

카이스트 토요캠프는 학생들에게 최고 수준의 공부를 경험하게 함으로써 뚜렷한 목표의식과 학습동기를 심어주어 공부에 대한 생각을 근본적으로 바꾸는 계기로 만드는 것이 목표이다.

카이스트 멘토 1명과 4명의 멘티가 한 그룹으로 진행되는데, 카이스트 멘토는 수업만 하는 것이 아니라 공부법 전수, 학습과 진로상담까지 함께 한다.

이처럼 카이스트 재학생에게 직접 멘토링 수업을 받을 수 있는 것은 대전 카이스트 주변에 본사를 두고 있는 ㈜키위리얼스터디가 카이스트 재학생들과 단독 협약을 맺은 덕분이다. 카이스트 재원색으로부터 지속적인 멘토링을 받을 수 있는 프로그램은 키위 리얼스터디가 유일하다.

• 최상위권부터 하위권까지
  수준별 전문 카이스트 멘토 투입

카이스트 토요캠프 프로그램은 학생맞춤형으로 진행되는만큼 스터디 매니저와의 상담을 통해 학생에게 가장 필요한 학습 내용을 정한다. 카이스트에서도 최고수준을 자랑하는 멘토들을 엄선, 키위 리얼스터디 'Teaching Method'라는 교수 과정을 이수해야만 멘토로서 수업에 투입될 수 있다.

상위권과 중위권, 하위권 학생들을 위한 전문 카이스트 선생님이 따로 배치되어 목표에 맞는 최고 수준의 지식 전달부터 본인들의 공부 경험을 바탕으로 실질적인 학습법까지 학생들에게 전수한다.

　• 카이스트 토요캠프의 특징
1. 국내 최소 비율 전담밀착 캠프
2. 공부에 관한 확실한 동기부여 형성뿐만 아니라
　　과목별 공부 방법까지 전달하는 캠프
3. 최고 학력의 카이스트 멘토를 가질 수 있는 힐링캠프
4. 수준별 전담 멘토가 있는 맞춤 스터디 프로그램

02 아이패드를 활용한 최첨단 스마트 학습법

카이스트 선생님과 함께 1:1 화상수업을 ipad를 통하여 실시간으로 진행하고 있다.

기존에 만들어져 있는 인강을 몇 번이고 되풀이하는 것이 아니라, 음성만으로 단편적인 정보만 주고받는 전화수업이 아니라 ipad의 페이스타임을 통해 카이스트 선생님과 모르는 것을 묻고 시원한 대답을 듣고, 볼 수 있는 최첨단 스마트 학습을 실현했다.

　단순히 공부만 지도하는 것이 아니라 정서적인 교류까지 함께 하는 멘토링을 진행하기 때문에 그 효과는 학원·과외를 뛰어넘는 놀라운 것이다.

　키위 리얼스터디에서는 매주 토요캠프를 진행하고 있다. 자세한 프로그램과 참여방법은 키위 리얼스터디 홈페이지 또는 상담전화를 통해 안내 받을 수 있다.

참여대상: 초등5~6학년, 중1~3학년, 고1~2학년
홈페이지: http://www.행복한공부.com
블로그: http://blog.naver.com/realstudy
상담전화: 1600-3653 (토요캠프 팀에게 문의)

네 믿음은 네 생각이 된다.
네 생각은 네 말이 된다.
네 말은 네 행동이 된다.
네 행동은 네 습관이 된다.
네 습관은 네 가치가 된다.

네 가치는 네 운명이 된다.

- 간디 -

긍정의 힘을 키우자

- 긍정적 사고를 습관화한 인물과의 인터뷰 -

스티븐 스필버그에게 배우는 One Point Lesson

"창의력과 상상력은 책에서 나온다."

공상과학, 드라마, 액션 모든 영화 영역에서 세계인의 마음을 꽉 잡고 있는 이 시대 최고의 영화감독 스티븐 스필버그는 번뜩이는 아이디어와 풍부한 상상력으로 '영화계의 마술사'라고 불린다.

스티븐 스필버그가 초등학교 6학년이었을 때, 그를 가르쳤던 담임 선생님은 스티븐을 이렇게 묘사했다.

"매우 조용하고 친구가 별로 없어서 안타까운 아이입니다. 더군다나 수줍음을 타고 자신감까지 부족해서 걱정이

되는군요.”

수줍음 많고 소극적인 스티븐 스필버그에게 어머니는 아이가 항상 책을 가까이할 수 있도록 매일 밤 잠들기 전 머리맡에서 그에게 동화책을 읽어 주었다. 그리고 함께 도서관에 가서 수많은 책을 읽고 아들과 함께 토론하는 시간을 가졌다.

바로 이것이 훗날 스티븐 스필버그가 상상력과 창의력을 발휘할 수 있도록 도운 크나큰 원동력이 되었다. 그가 만든 〈쥐라기 공원〉, 〈우주전쟁〉 같은 영화도 소설을 바탕으로 만들었거나 책을 통해 얻은 상상력을 모티브 삼아 제작한 것이다.

John.F.케네디에게 배우는
One Point Lesson

"반복적으로 연습하여 약점을 강점으로 만들다."

미국의 유명한 정치가이자 대통령인 존.F.케네디는 최연소(당시 29세) 국회의원에 당선되었고, 훗날 국민들의 성원에 힘입어 대통령이 된다. 젊은 나이에 큰 성공을 일궈낸 만큼 모든 것을 다 갖춘 완벽한 사람처럼 보이지만 그의 실제 모습은 사뭇 달랐다.

명연설로 유명한 케네디지만 그도 처음에는 대중 앞에서 연설하는 것에 큰 어려움을 느꼈다. 소리의 높낮이 조절도 안 되었고, 말의 속도가 너무 빨라서 알아듣기 힘들

었으며, 연설 시간이 임박하면 안절부절 못하는 나쁜 버릇까지 있었다.

케네디는 자신의 단점을 직시하고 하나하나 고쳐나갔다. 산만한 손동작을 가리기 위해 주머니에 손을 넣었고, 전달력을 높이기 위해 연설문을 몇 번이고 읽었으며, 사람들 앞에서 천천히 말하기 위해 심호흡을 하며 마음을 다잡았다. 긍정의 힘을 믿고 꾸준히 반복 연습을 함으로써 자신의 약점을 강점으로 만든 것이다.

서툴고 하기 싫은 일이 있어도 반복 연습을 하다 보면 점차 약점이 보완되고 어느 시점을 지나면 오히려 강점으로 바뀌게 된다. 이것이 바로 반복과 연습의 힘이다.

워렌 에드워드 버핏에게 배우는
One Point Lesson

"투자성공의 기본은 신문읽기
그리고 독서 후 내용정리이다."

세계 증권가의 거물이자 투자의 신으로 불리는 워렌 에드워드 버핏은 지역신문인 〈링컨저널〉 배달 사업으로 사회생활을 시작하였고, 그 후 골프공 판매사업을 시작해서 1만 달러를 모았다. 이렇게 모은 1만 달러가 종잣돈이 되어 훗날 620억 달러라는 어마어마한 재산을 만들었다.

1만 달러가 620억 달러로 큰 결실을 맺기까지 워렌 버핏은 투자 성공의 비결을 신문읽기라고 진술한 바 있다. 신문배달 일은 매일같이 그가 신문을 읽는 습관을 들이도록

해주었고, 이것을 통해 세상을 바라보고 경제 동향을 살피는 힘을 갖게 되었다.

이와 함께 워렌 버핏은 사업성공의 비결을 한 가지 더 꼽았다. 바로 엄청난 '독서'와 '독서 후 내용정리'가 사업의 성공열쇠라는 것이다.

모든 정보는 여러 형태로 존재하지만 그 중에서도 글과 책의 형태로 다듬어진 정보가 가장 신뢰성이 있으며, 이러한 정보를 이해하고 분석하고 판단하는 데에는 반드시 읽고 난 뒤 생각을 정리해 볼 수 있는 내용정리가 필수라고 그는 강조한다.

레프 니콜라예비치 톨스토이에게 배우는
One Point Lesson

"단점 극복을 위해서 일기를 쓰다."

러시아 문학을 대표하는 세계적 소설가인 톨스토이는 〈부활〉, 〈전쟁과 평화〉, 〈안나 카레니나〉 등 수많은 걸작을 만들어서 인류를 문학의 재미에 푹 빠져들도록 했다.

어릴 적에 부모를 잃었던 불행한 톨스토이에게 힘이 되어 준 것은 바로 책읽기였다. 어린 톨스토이는 러시아의 전래동화와 영웅 이야기를 읽으면서 부모 잃은 슬픔과 불행한 생각들을 떨쳐버렸다.

그리고 톨스토이는 의지가 약하다는 소리를 극복하기

위해 일기를 썼다. 19살에 시작한 일기 쓰기는 그가 세상을 떠나던 82살까지 계속해서 이어졌다. 일기를 쓰며 하루를 돌아보고, 새로운 각오를 다지는 것은 물론 자신의 영혼과 깊은 대화를 함으로써 톨스토이는 문학적 소양을 차분히 키워낸 것이다.

그리고 그는 일기장에 자신의 단점 9가지를 솔직하게 적어 두고, 이것을 고치기 위해 꾸준한 노력을 기울였다.

첫째, 결정을 잘 내리지 못한다.
둘째, 자신을 속인다.

셋째, 조급하게 생각한다.

넷째, 깊이 생각하지 않는다.

다섯째, 마음이 잘 변한다.

여섯째, 이치에 어둡다.

일곱째, 남을 잘 따라한다.

여덟째, 성격이 밝지 못한다.

아홉째, 거짓말을 한다.

완벽해 보이기만 하던 세기의 대문호 톨스토이에게도 이러한 단점은 있었다. 내게 닥친 많은 문제들을 지혜롭게 해결하고자 한다면 지금 이 순간 나를 가로막고 있는 문제가 무엇인지 정확한 파악부터 해야 할 것이다. 그리고 더 나은 내가 되기 위해서는 톨스토이처럼 성실한 일기쓰기 시간을 가지며, 나라는 사람과 진솔한 대화를 나누는 게 무엇보다 중요하다.

다산 정약용에게 배우는
One Point Lesson

"지혜의 구멍을 여는 스스로 깨치는 공부"

정약용만큼 다양한 분야에 걸쳐 두드러진 능력과 성과를 보인 사람이 있을까? 그는 학문에 정통했던 학자이자 목민관(백성을 다스리는 벼슬아치)이었고, 역사적 혜안을 지닌 사학자이자 수원 화성을 설계하고 거중기를 만든 토목·기계공학자였으며 그 외에도 지리학, 의학, 법학, 국어학 등에 두루 능통했다.

한 사람이 이렇게 다양한 분야에서 뚜렷한 성취를 이룰 수 있었던 데는 확고한 체계가 잡힌 정약용만의 학습법이

뒷받침되었기에 가능했다. 그는 세상에 아무렇게나 뒹굴고 있는 많은 정보들 사이에서 목적에 맞는 정보를 선택하고 자료를 체계적으로 정리하면서 배운 내용들을 자신의 것으로 만들 줄 알았던 사람이다.

먼저 필요에 따라 목표를 세우고, 무수한 자료 중 그것과 관련 있는 자료들을 모으고, 합리적인 기준에 따라 효율적으로 분류하고, 분류한 자료는 크나큰 틀 안에 넣어 다시 배치하는 방법으로 자신의 지식을 탄탄한 골조를 세우고 살을 붙였다.

특히 그는 문심혜두(文心慧竇), 지혜의 구멍을 여는 스스로 깨치는 공부를 강조했다. 정약용은 학습한 내용들을 무조건적으로 받아들이기만 하는 공부는 아무짝에도 쓸모없는 것이라고 생각했으며 새롭게 배운 내용들을 꼭꼭 씹어 가며 그것의 원리를 깊이 이해하고 자신의 시선으로 새롭게 정리해야 된다고 강조했다.

또 정약용은 글자만 읽고 만족하는 독서, 글의 의미를 곱씹지 않은 채 여러 번 반복하여 읽는 것으로 자기 위안을 삼는 얕은 독서를 배격했다. 글을 읽으면서 별로 중요하지 않은 내용들은 쳐내고 핵심내용에 집중하는 경제적 독서법을 택했으며, 중요한 글귀들은 아예 여러 번 옮겨 써가며 자신의 것으로 소화했다.

또 하나 특이한 것은 정약용은 요즘 사람처럼 메모를 아주 중요하게 생각했다. 글을 읽다가 모르는 것이 있으면 의문점을 반드시 적어 두었고, 생각이 떠오르면 그것이 달아나기 전에 기록해서 생각의 실마리들을 포획해 두었다.

개인의 학문적 성취에만 머무르지 않고 백성들의 삶에 닿아 있는 실용적인 학문을 완성하기 위해 애쓰던 그의 애민정신은 오늘날에도 여전히 빛을 발한다.

좋은 책을 읽는 것은
과거의 가장 뛰어난 사람들과
대화를 나누는 것과 같다
- 데카르트 -

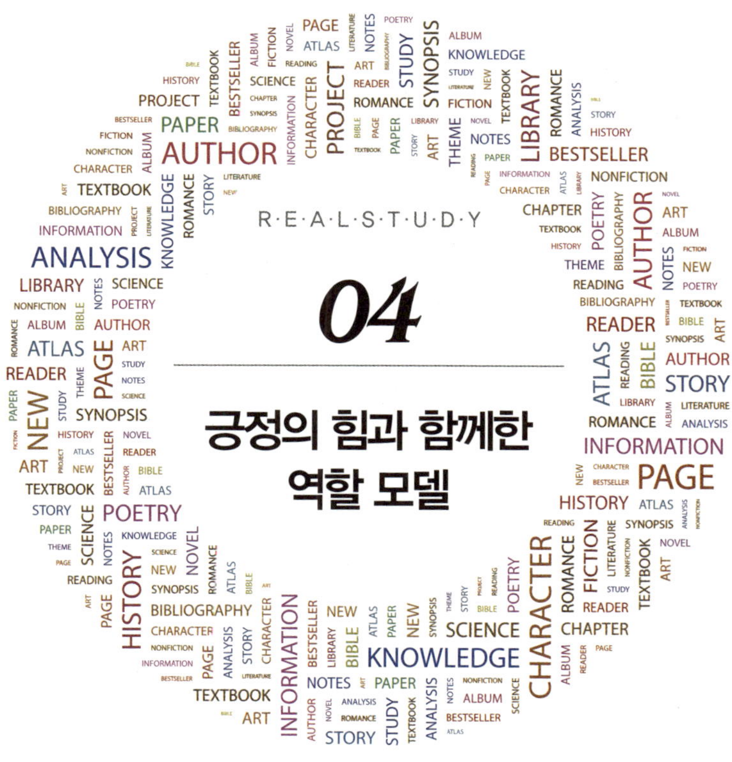

04

긍정의 힘과 함께한 역할 모델

역할모델(Role Model)의 뜻은 존경할 만한 사람을 정해 표본으로 삼고, 그들의 훌륭한 모습을 닮아가기 위해 노력하는 것, 내가 정신적 성장을 이루는 동안 인생의 모델로 삼는 것을 말한다. 자기 성향을 잘 파악하고 있을수록 나에게 적합한 역할모델을 설정할 수 있다.

키위그룹은 최고의 순수지성을 표방하는 KAIST의 학생들을 롤 모델로 삼아 학생의 성장을 도모하고, 이를 통해 우리 아이들이 보다 더 행복한 공부를 수행할 수 있는 방법을 연구해왔다.

그 결과 키위그룹(www.행복한공부.com)을 만들었고 많은 학생들에게 멘토 시스템을 적용하여 행복한 공부, 진짜 공부를 전하고 있다. 그 밑바탕에는 학생들에게 긍정의 힘을 길러주어 넓은 세상을 품고 살아가는 멋진 삶을 만들어주고 싶다는 키위철학이 자리하고 있다.

KAIST 멤버이자 키위 멘토를 담당하고 있는 선생님들의 풍부한 경험담은 여러분에게 공부에 관한 '긍정의 힘'을 전달해줄 것이다.

"I can do it"

백진호

키위멘토선생님
분당수내고등학교
전국 수학 경시대회 장려상, 경기도 물리 경시대회 동상
중학교 480명 중 400등에서 공부 시작
카이스트(KAIST)

저는 중2때까지는 장난만 치고 다니는 말썽꾸러기였습니다. 공부도 전체 학생 480명 중에 400등을 했으니 말 다 했지요. 그러던 어느 날 담임선생님과 상담 도중 인문계 고등학교는 힘들다는 얘기를 듣고 충격에 빠지게 됩니다. 인문계를 못 간다는 소식보다도 좋아하는 여학생은 인문계 고등학교에 진학할 텐데 같이 못 간다는 것이 큰 충격이었지요. 그것을 계기로 공부를 시작하게 됐습니다.

일단 제일 암기할 거리가 적은 수학부터 열심히 공식을
외워 점수를 올리기 시작했지요. 그렇게 하나하나 성적
을 올려가다 보니 중학교 3학년 1학기에 480명 중 100등
을 하게 됐습니다. 인문계는 갈 수 있게 되었지만 그해 아
버지께서 음주운전 삼진아웃 제도에 걸려 1년간의 징역을
선고받게 되었습니다. 사업을 하고 계셨던 분이라 사업체
는 부도가 났고 저희 가족은 집을 팔고도 10억의 빚이 남
아있는 상태가 되었습니다. 친척의 도움을 받아 재래식 화
장실이 밖에 나와 있는 단칸방에 들어가 살게 되었고, 친
구들과 떨어지기 싫었던 저는 무리를 해서 이사를 가 용인
이 아닌 분당에 있는 고등학교에 진학을 하게 됩니다.

버스를 갈아타면서 학교를 다닐 동안 나중에 어떻게 돈
을 벌어서 이 가난을 벗어날지 고민을 하곤 했습니다. 생
각해보니 자본도 없고 인맥도 없는 저는 공부밖에는 살 길
이 없더군요. 공부를 열심히 해서 좋은 대학에 들어가야만
과외를 하면서 등록금 벌어가며 학위를 딸 수 있다는 결론
이 나왔습니다. 통학하는 데만 4시간이 들어갔고 남보다

잠이 많았던 저로서는 남는 시간 모두를 공부에 쏟아야만 승산이 있었지요.

기초가 부족해서 초반에 고생을 많이 했지만 중·고등학교 과정 내용은 대부분 이해보다는 암기라 꾸준히 반복을 하다 보니 생각보다 금방 따라잡게 되었습니다. 물론 상위권에 들어가기 위해서 이해하려는 노력을 많이 했지요. 그렇게 공부를 해서 성적을 올리다 수능을 보게 되었고 연세대 전자과에 입학을 하게 됩니다. 이공계 장학금을 받게 되었지만 등록금을 내고 다시 돌려받는 제도였기 때문에 일단 목돈이 필요했습니다.

아버지께서 출소를 하시긴 했지만 빚더미에 앉아 있는 상태에서 재기란 거의 불가능에 가까웠고. 고3 때에도 아르바이트를 해야 할 정도로 형편이 안 좋은 상태였기 때문에 목돈 마련은 커다란 부담이었습니다.

한 학기는 어떻게든 빌려서 해결했지만 언제까지 이런 식으로 다닐 수는 없었기 때문에 다른 대안을 알아보던 도중 KAIST는 등록금을 안내도 된다는 얘기를 들었지요. 그

동안 KAIST는 일반고 학생을 안 뽑는 줄 알았던 저는 급하게 원서를 쓰게 되었습니다.

준비한 시간이 짧긴 했지만 남은 시간을 모두 투자하여 면접을 준비하였고 결국 KAIST에 입학하게 되었습니다. 군대를 다녀오고 이제 4학년이 된 저는 내년에 석사에 진학할 예정입니다.

좋아하는 여학생과 같이 인문계 고등학교에 가고 싶어 공부를 시작했고, 예상치 못한 아버지의 사업 부도로 떠안게 된 가난을 벗어나고 싶어 공부를 했던 제 상황이 일반적이지는 않지요. 그렇게 힘든 중 · 고등학교 시절을 보내면서도 끊임없이 공부할 수 있었던 이유는 공부에서 가난을 벗어날 수 있다는 희망을 보았기 때문입니다.

누군가에게 공부는 힘든 현실에 날개를 달아주는 희망이 되기도 합니다. 여러분도 꿈의 텃밭에 공부라는 노력의 씨앗을 심어보시길 바랍니다.

꼴찌로 시작해서 전교 10등 하기

정아현

키위멘토선생님
경북과학고 졸업
카이스트(KAIST)

행복한 공부를 할 수 있는 방법에 대해 곰곰이 생각해보았습니다. 공부하는 것이 행복하려면, 책을 읽거나 어떤 것을 이해하고 머리에 넣는 그런 과정을 좋아해야 합니다. 학생들이 어떨 때 지식을 얻는 과정을 좋아할까요?

학교에서 인기 있는 선생님의 수업과 인기 없는 선생님의 수업, 그 차이점을 생각해봅니다. 인기 있는 선생님의 수업은 선생님이 설명을 재미있게 귀에 쏙쏙 들어오게 잘 정리해주시고, 학생들은 자연스레 그 내용을 잘 이해할 수 있게 됩니다. 대다수의 학생들이 눈을 반짝이며 듣는 그런 수업이요. 인기 없는 선생님은 독백처럼 수업을 하고 내용을 학생들에게 제대로 전달하지 못하십니다. 제대로 이해하지 못한 내용을 공부하려고 하면 얼마나 힘이 들까요? 그런 공부는 절대 행복할 수 없습니다.

학교에 다니는 동안 제가 제일 싫어했던 공부는 별자리에 대한 내용이었습니다. 중학교 1학년 때, 그 부분이 시험 범위에 들어가지 않는다고 하시면서 선생님께서 가르쳐주시지 않았기에 그 부분에 대해서는 아무것도 모른 채 2학년, 3학년, 고등학교를 올라갔습니다. 그리고 매번 그 부분이 반복될 때면, 아는 것이 아무것도 없었기 때문에 공부하기가 싫고 스트레스를 많이 받았습니다. 그만큼 행복한 공부를 하기 위해서는 공부하는 내용을 잘 이해하는 과정이 선행되어야 합니다.

저는 초등학교 때까지만 해도 공부를 따로 열심히 하지 않았는데, 가끔 수학 경시대회에 나가 상을 받거나 높은 성적을 받으면 항상 부모님께서 기뻐해주시고 칭찬해주셔서 그때부터 조금씩 공부에 흥미를 붙인 것 같습니다.

행복한 공부를 위해서는 주변의 환경도 정말 중요합니다. 아이들이 책을 읽고 있거나 학업에 열중하고 있는 모습을 보면 "아이고 웬일이냐?"라는 반응보다는 "예쁘다, 착하다"고 칭찬해주면, 아이들은 '부모님께서 좋아하시는 상황'임을 인지합니다. 그래서 부모님을 위해 기꺼이 그런 상황을 반복할 것입니다.

아이들은 부모님께 칭찬 받는 것을 좋아하기 때문에 이것은 긍정적인 피드백 효과를 낳을 것입니다. 아이들이 저절로 계속 열심히 하고 싶게 만드는 당근이 바로 부모님의 칭찬과 기뻐하는 모습인 거 같습니다. 아이들이 행복한 공부를 하려면 부모님들의 칭찬과 지지가 중요합니다.

지금 공부할 수 있는 것에 감사하고 노력한 만큼 보상 받는 것이 공부임을 깨닫는 순간, 공부하는 것이 행복해질 것 같습니다. 제 주변에는 대학을 가서 공부를 계속하고 싶지만 돈이 없어서 그냥 일을 하고 있는 친구들이 있습니다. 저는 놀고 싶다가도 그 친구들을 보면 미안하기도 하고 공부할 수 있는 제 현실이 고마워 더욱 열심히 하려고 마음먹게 됩니다. 생각해보면 공부만큼 결과가 솔직한 게 없습니다. 정말, 열심히만 하면 그만큼 보상 받는 것이 공부입니다.

고등학생 때 저는 과학고등학교에서 꼴등으로 입학했습니다. 당시에 학원도 다니지 않았고, 선행학습을 거의 하지 않아서 입학 성적이 매우 낮았습니다. 들어가서도 한 학기 정도는 계속 낮은 성적을 받았습니다. 진도를 따라가기 힘들었지만 낙심하지 않고 꾸준히 공부했습니다.

그리고 학생들의 선행학습 효과가 떨어질 무렵, 제 노력이 빛을 발하기 시작했습니다. 다른 아이들보다 조금 덜 자고, 좀 더 집중하고, 좀 더 공부하면서도 저는 불행하다는 생각을 전혀 하지 않았습니다. 물론 피곤하고 힘들 때도 있었지만 조금씩 오르는 성적에 희망을 얻었고, 더 열심히 할 수 있는 추진력을 얻었습니다.

열심히 하면 하는 만큼 좋은 결과를 얻을 수 있는 게 공부입니다. 세상에는 자기 뜻대로 되지 않는 일이 너무 많습니다. 나이가 들고 점점 커가면서 끊임없이 깨닫게 되는 것이 바로 그것이구요. 하지만 공부는 그렇지 않습니다. 내가 노력한 만큼 달콤한 열매를 맛볼 수 있습니다. 하지만 그 사실을 너무 늦은 때에 깨닫게 된 안타까운 친구들을 많이 봤습니다.

학생들이 학습 의욕을 갖게 하기 위해, 소위 '공부 잘 하는 사람들'의 장점을 말해주고 싶습니다. 상투적인 장점으로는 어른이 돼서 좋은 직업을 갖고 높은 연봉을 받는 것, 그리고 주위에서 대하는 대우가 다릅니다. 대학에 들어오면 중·고등학교 때는 특목고·자사고를 제외하고는 대부분 비슷하기 때문에 느낄 수 없었던 일종의 계급 같은 것이 생깁니다. "어디 학교 다니세요?"라고 물을 때 KAIST 또는 소위 말하는 SKY 대학이라고 하면 "와~" 하면서 부러움의 눈길로 쳐다보기도 합니다. 이럴 때면 보이지 않는 갑옷을 입은 것과 같은 든든함을 느낀달까요?

하지만 이것보다 더 중요한 것은 공부를 잘하면, 다른 사람은 누릴 수 없는 선택권을 가질 수 있습니다. 저는 대학교 진학도 등록금을 면제해주는 KAIST로 총장상을 받으면서 왔고, 대학에 들어와서는 학점과 영어 성적으로 학비를 대주고 일정 금액 지원을 해주는 교환 학생도 되었습니다. 공부를 잘 하면 누구나 누리지 못하는, 소수의 학생만 선택받을 수 있는 혜택을 누릴 수 있습니다.

부모님이 늘 공부를 열심히 해두면 '선택권이 넓어진다'는 말을 하셨습니다. 이제야 실감하게 되었지만 정말 그렇습니다. 남들이 쉽게 할 수 없는 것들을 할 수 있는, 귀중한 선택권을 가진 특별한 사람이 되어보십시오.

행복은 당신의 생각과

말과 행동이 조화를 이룰 때

찾아온다

수학 공부하는 법

• 한 학기 동안 배운 공식들을 A4 용지에 적어보기

제가 중고등학생 때, 대부분의 친구들이 제일 어려워하던 과목이 수학이여서 얼마나 학생들이 수학에 대해 어려움을 느끼고 있는지 잘 알고 있습니다. 일반적으로 사람들은 '수학은 외울 공식도 많고, 어렵다'라고 말하는데, 전혀 그렇지 않습니다.

우선 수학에는 기본적인 공식들이 있습니다. 기본적인 사칙연산과 매 학기 교과서에 나오는 그런 공식들이 있는데 실제로 그런 공식들만 추려서 A4용지에 적어보면, 한 학기에 배우는 공식들은 A4 한 페이지도 안 됩니다. '외울 게 많다'는 건 사실이 아닙니다! 실제로 과학, 사회 같은 과목들보다 오히려 외울게 적은 게 수학입니다.

우선, 수학은 기본적인 공식을 알고 있어야 합니다. 그리고 그 공식이 어떻게 해서 생긴 건지를 이해하고 있으면 어디든 응용이 가능하기 때문에, 이 공식이 만들어진 과정을 이해하는 데 공을 들여야 합니다.

　공식을 익힌 뒤에는 문제를 많이 접해서 어떤 상황에 어떤 공식이 적합한지 문제를 읽고 바로 판단할 수 있어야 합니다. 문제를 많이 풀다보면 정말, 느낌으로 어떤 문제에 어떤 공식을, 어떤 방법으로 적용해야 할지 알 수 있습니다. 즉 공식을 확실히 이해하고 알고 있으면서, 문제를 통해 응용하는 방법을 익히면 됩니다.

　그리고 계산 실수나 자신의 잘못된 습관이나 풀이 방법을 고치기 위해 연습장을 사용합니다. 사소한 실수가 버릇이 되면 나중에 고치기가 힘들어지고 아는 문제를 아쉽게 틀릴 수 있기 때문에 연습장을 사용해서 차근차근 풀어 나갑니다.

　끝으로 오답노트를 사용해서 틀린 문제는 어떤 이유로 틀렸는지 기록해두면 내가 어느 부분에 취약한지 한눈에 파악할 수 있습니다. 그리고 부족한 부분을 집중적으로 복습을 하는 것이 가능해지기 때문에 같은 문제를 다시 틀릴 확률도 낮아지고, 틀린 유형에 대해 더 잘 이해할 수 있습니다.

공부는 목표를 향해 달려갈 수 있도록 힘을 주는 연료

송병채

키위멘토선생님
Pinegrove School
12학년 때 한국인 최초의장(Perfect)
인도 IT Festival 2년 연속 수상
카이스트(KAIST)

6년 전 인도로 가게 된 저는 인도에서 7학년이었고 교장 선생님과 내기를 했었습니다. 한국과 인도의 학기 차이 때문에 1년을 늦게 입학한 저는 인도 힌두어 시험을 통과하면 7학년에서 바로 9학년으로 2학년 진급을 해달라고 제안을 했고, 교장선생님은 저에게 시험 준비를 위해 방학 기간 2달을 주셨습니다.

평소에 배우던 영어도 아닌, 생판 모르는 제3의 외국어를 두고 인도 본토 학생들과 똑같은 난이도의 시험을 봐야 했던 저로서는 제 인생 최대의 난관을 맞이했던 겁니다. 이 때 처음으로 제게 거창하지는 않지만 눈앞의 뚜렷한 목표가 생겼고 힌두어 시험을 패스하기 위해, 방학 내내 힌두어 공부에 집중했습니다. 옆집 아주머니와 공부를 시작했고, 2달 후 전 힌두어 시험을 보기 좋게 통과할 수 있었습니다.

이런 경험을 한 이후로 제 안에는 무한한 자신감이 생겼습니다. '하면 된다'라는 굳은 믿음이 생겼고, 2년 후 10학년이 되던 해 힌두어 수능시험을 봤을 때는 한국인 최초로 83점이라는 높은 점수를 받게 되어 뿌듯했습니다.

12학년이 되어 대학진로에 대해 고민하기 시작한 저는 다소 늦은 감이 있었지만, 카이스트에 대해 알게 대면서 TOEFL이나 SAT같은 공인인증 영어 시험점수가 필요한걸 알게 되었습니다.

전 기숙사 학교에서 생활을 했기 때문에, 다른 한국 유학생들처럼 강남에 있는 유명한 SAT학원을 다니지 못했습니다. 그 대신에 저는 SAT나 TOEFL책들을 왕창 사서 학교 공부와 병행해가며 짬짬이 혼자서 공부를 했고, 관련 영어 시험들에서도 좋은 성적을 받을 수 있게 되었습니다.

이렇게 작은 목표들을 이루어나가면서 저의 자신감은 자존감으로 바뀌었고, '할 수 없다, 어렵다, 난 똑똑하지 않다' 하는 이러한 비관적인 생각들을 아예 배제하게 되었습니다. 이러한 마음자세를 가지고 있을 때, 공부는 더 이상 지루하고 해야만 하는 의무가 아니라 제 목표와 제 자신을 스스로 세워 나가는 하나의 필요 요소로 인식하게 됩니다.

큰 목표가 생기면 그 목표를 이루기 위한 마음의 결단력과 강한 정신력이 생깁니다. 목표 달성을 위해 힘든 일이 와도 끝까지 포기하지 않는 끈기도 생깁니다. 이렇게 조금씩 자신의 목표를 위해 한 발짝 다가가는 모습을 발견했을 때 공부는 더 이상 버거운 짐이 아닌, 자기 자신의 갈증과 열망을 풀어줄 음료수가 될 수 있습니다.

이러한 경험을 통해 자신이 세워놓은 목표를 달성했을 때, 내적으로 굉장히 큰 만족감과 행복감을 느낄 수 있다는 것을 깨달았습니다. 자기 자신 안에 크거나 작은 목표의식이 생겼을 때 공부는 해야만 하는 것이 아닌, 나의 목표를 위해 달려갈 수 있도록 힘을 주는 연료가 됩니다. 공부를 마치고 나면 또 한 단계 업그레이드 된 자신을 보며 굉장한 만족감과 행복감을 느낄 수 있게 될 것입니다.

교육열이 굉장히 뜨거운 한국에서 대부분의 아이들은 초등학교 때부터 학원에 다니게 됩니다. 위인전이나 아름다운 동화책 대신에 수학공식과 어려운 영어 문법으로 뒤덮인 문제집을 읽어야 하고, 밖에서 뛰어 놀며 자연에서 얻는 지식 대신에 자기보다 높은 수준의 선행학습을 해야 하는 아이들이 불쌍하게 느껴집니다.

아무 의미 없이 자신이 학원을 왜 다녀야 하는지, 공부는 왜 하고 있는지, 지금 자신이 행복한지도 모르는 채 아무 목적 없이 주입식 교육을 받으며 질질 끌려 다니고 있는 학생들이 안타깝습니다.

이 학생들의 잠재되어 있는 자신감과 목표의식을 조금만 꺼내 주기만 한다면, 더 효율적으로 무엇보다도 기쁜 마음으로 공부할 수 있을 것입니다.

영어 공부하는 법

· 주변의 모든 것을 영어로 생각하기

외국에서 학교를 다니면서, 다른 나라 언어를 배우고 익히는 것이 수학 문제나 과학 이론을 공부하는 것과 완전히 다르다는 것을 알게 되었습니다. 자기 자신의 모국어(mother tongue)가 아닌 다른 언어를 '잘' 할 수 있는 것은 그만큼 많은 시간과 노력이 필요한 일입니다.

처음 인도 기숙사 학교에 들어갔을 때 영어를 하나도 몰랐던 저는 많은 고생을 했습니다. 그래서 저는 학교에 빨리 적응하기 위해 주변의 모든 것을 영어로 생각하기 시작했습니다. 제 모든 관심과 생각을 영어 하나에만 집중하였고, 심지어 맘속으로도 영어로 말하게 되었습니다. 영어에 홀렸다고 해도 과언이 아니었습니다.

이렇게 몇 달간 영어에 집중을 하다 보니 말하는 것 또 쓰는 것에 어려움이 싹 사라졌습니다. 제 경험상 생활 영어(말하기, 듣기, 쓰기)를 가장 짧은 시간에 발전시킬 수 있는 방법은 '영어로 생각하기'인 것 같습니다.

하지만 TOEFL이나 SAT같이 수준 높은 영어 시험 앞에서는 얘기가 달라집니다.

이러한 영어시험에서 높은 점수를 얻기 위해서는 높은 수준의 단어들을 꾸준히 외워야 합니다. 어려운 단어를 외울 때에도 무작정 외운다면 굉장히 비효율적입니다. 영어 단어 외우기에서 가장 중요한 것은 아이러니하게도 '외우는 것'이 아닌 '반복해서 보기'입니다.

이 방법은 영어뿐만 아니라 다른 나라 언어를 배울 때에도 필요합니다. 어제 봤던 단어들을 오늘 보고 내일도 본다면, 그 단어는 완전히 자기 자신의 것이 될 수 있습니다. 단어 공부는 시험공부를 하기 전 준비운동이라고 생각 하는 게 좋습니다.

영어 어휘와 더불어 가장 중요한 것은 영어 책 읽기입니다. 영자신문, 잡지(TIME magazine, National Geography, ect), 소설, 기사 등 수백 권의 영어책을 읽는 것이 가장 효과적입니다. 수준 높은 영어 문장들을 읽다 보면 문법이나 어법 같은 부수적인 것들은 자연스럽게 익혀지게 됩니다. 영어 시험 전 문법이나 에세이 공부 대신 영어 책을 한 권 읽고 가라는 저의 영어 선생님 말씀처럼 영어로 된 서적을 접하는 것은 '영어' 그 자체의 능력을 향상시키기 위해 매우 중요합니다.

최민국

키위멘토선생님
부산과학고 졸업
2004 한국천문올림피아드 은상 입상
전국과학 전람회 지구과학 입상
카이스트(KAIST) 박사 과정

행복한 공부, 얼핏 들으면 모순되게 느껴지는 단어입니다. 공부를 자기 자신의 수련과정이라고 생각할 때, 공부는 '참고 견디어 뛰어넘을 대상'이지 그 자체로 행복감을 느낄 수 없기 때문입니다.

하지만 공부를 하는 데 있어 행복함을 느낄 수만 있다면 그야말로 금상첨화라고 할 수 있겠습니다. 그렇다면 이런 행복한 공부는 가능할까요?

저는 가능하다고 생각합니다. 물론 공부하는 도중에 잘 풀리지 않거나 공부의 어려움에 직면하여 스트레스를 느낄 때도 있겠지만 커다란 과정으로서의 "행복한 공부"는 가능하다고 생각합니다.

그럼 제가 이렇게 가능하다고 얘기하는 '행복한 공부'는 무엇일까요? 바로 '꿈을 이루어가는 과정으로서의 공부'입니다. 즉, 어떤 목표를 두고 그것을 이루어가면서 행복을 느끼는 공부입니다.

그러나 꿈이 있다고 해서 그것을 이루기 위해 공부하는 것 자체로 행복감을 느끼기는 힘듭니다. 꿈을 이루어 가는 공부이면서 동시에 결과물까지 좋아야 행복한 공부가 될 수 있습니다. 꿈을 이루기 위해 노력하고 중간 중간 실제 그 꿈에 가까워지고 있다는 것을 느껴야 행복한 공부가 될 수 있다고 생각합니다.

사람은 누구나 꿈이 있습니다. 자신이 생각해왔던 삶의 방식, 자신이 하고 싶어 하는 일, 사회 구성원으로서 자신이 기여할 수 있는 가치 등 다양한 꿈이 존재합니다. 이러한 꿈들을 이루기 위해서 열심히 공부하고 노력하며 자기 자신과의 싸움을 치르는 것입니다.

그러나 이러한 꿈 자체가 없거나 꿈들을 이루기 위해서 열심히 공부했다 하더라도 결과물이 좋지 않다면 공부 자체에 대한 스트레스가 생겨나고, 따라서 행복한 공부는 말로만 존재하는 허상이 될 수밖에 없습니다.

행복한 공부를 위해선 다양한 경험을 통하여 자기 자신에 대한 자아 인식의 시간을 갖고 그와 함께 자신의 확고한 꿈을 먼저 정해두어야 합니다. 그리고 그 꿈을 향한 세밀한 전략을 세우고 올바른 공부법으로 꿈을 향해 나아가야 합니다.

단단한 목표의식과 함께 올바른 공부를 병행한다면 하루하루 시간이 지남에 따라 꿈에 가까워지고 있다는 것을 느낄 수 있을 것이고 중간 중간 결과물로써 그것들을 확인하게 된다면 꿈에 대한 성취감과 함께 '행복한 공부'를 체감할 수 있을 것입니다.

실제 저는 어렸을 적 꿈이 천문학자였습니다. 알 수 없는 별의 신비감과 아름다움에 매료되어 별과 우주에 대한 질문은 끊일 새가 없었고 스스로 별이나 우주에 대한 책을 사서 보는 것이 즐거웠습니다.

그러나 초등학교 수준의 교양과 상식을 가지고는 천문학을 이해하기 힘들었습니다. 별이 지나가는 궤적을 따라 복잡한 물리법칙과 공식이 적용되고, 그러한 내용이 상세하게 나와 있는 천체물리학 관련 서적 따위를 처음 들여다보았을 땐 정말 모르는 것이 너무 많아 공부조차 할 수 없었습니다. 그때 제 딴에는 좌절이라는 경험을 맛보았지요.

시간이 흐르면서 수학과 기초과학에 대해 배우고 이것을 알면 천체 물리학도 배울 수 있겠다는 집념 하에 열심히 시간을 투자하여 내 것으로 만든 결과, 천체물리학에 대한 이해와 접근이 가능해졌습니다. 실제 천문학자처럼 공식도 유도하고, 계산하는 일을 제 손으로 직접 해냈던 그날은 몹시도 기뻤습니다.

이후로도 과학 고등학교에 진학하면 꿈을 이루기 위해 공부하고, 실제로도 중간중간 나타난 결과물(ex.경시대회,

올림피아드)도 좋아 한층 더 꿈에 가까워졌다는 것을 느끼고 행복한 공부를 할 수 있었습니다.

모순된 것처럼 느껴지는 '행복한 공부', 이것은 사실 누구나 할 수 있다고 생각합니다. 다만 이루고 싶은 꿈이 있어야만하고 그것을 올바르게 쫓아가야 할 올바른 공부법이 필요하겠지만요.

꿈을 제시해 줄 다양한 경험과 함께 올바른 공부법을 통해 꿈에 가까워지는 모습을 그려본다면 우리는 분명 행복한 공부를 할 수 있습니다.

나의 의지가 담겨 있는 행복한 공부

이태양

키위멘토선생님
우신고 졸업
전과목 상위 0.1%
카이스트(KAIST)

"행복한 공부란 어떤 것일까요?"

"행복한 공부는 본인 경험상 어떻게 만들 수 있나요?"

제 경험을 비추어 볼 때, 행복한 공부란 '공부 메커니즘의 선순환'이라고 말할 수 있습니다. 메커니즘의 선순환이라 하는 것은 예습과 수업 그리고 복습으로 이루어지는 자신의 공부와 이를 바탕으로 시험에서 받는 고득점의 성적을 의미합니다.

고득점의 성적을 받으면 주변사람들이 주는 기대를 한몸

에 받을 수 있었고, 또한 공부를 잘한다는 이유로 받는 여러 인센티브들은 저로 하여금 공부를 더 열심히 할 수 있게 해주었습니다. 또 이것은 연쇄적으로 좋은 성적을 가능케 하는 양성피드백이 되곤 하였습니다. 이것은 간략하게 적은 제 공부 역사라고 할 수 있습니다.

저는 어릴 적부터 수학과 과학 그리고 사물을 관찰하는 데 관심이 많았습니다. 이것은 자연스럽게 다른 친구들에 비해 수학과 과학을 공부하는 데 많은 시간을 쓰게 되었고, 덕분에 친구들 사이에서 두각을 나타내게 되었습니다. 그러한 과정 속에서 자연스럽게 주변인들의 기대 또한 받을 수 있었습니다.

본격적으로 시험이라는 것을 보기 시작한 중학교 시절에는 이미 약간은 가지고 있던 선행지식이 이런 양성피드백에 큰 도움이 되었던 것 같습니다.

이런 방법으로 저는 초등학교 6년, 중학교 3년, 고등학교 3년을 마치고 카이스트에 진학할 수 있었습니다. 정말 간단하게도 어렸을 적부터 가진 수학, 과학에 대한 관심이 바탕이 되어 또래들 사이에서 두각을 보이게 되었고, 그 이점을 지금까지 잘 살려온 결과 현재 저의 모습을 이루었다고 말할 수 있겠습니다.

여기서 저는 '내가 고등학교 시절 느낀 행복한 공부를 지금도 하고 있는가?' 라는 질문과 '지금 그래서 나는 행복한가?' 라는 질문을 던져봅니다.

아쉽게도 현재의 저는 예전처럼 공부하고 있지 못합니다. 또한 그로부터 일어났던 선순환의 고리도 깨어진지 오래입니다. 다시 말해 저는 지금 학교에서 학점이 높지도 않고 예습, 복습도 철저히 하지 못합니다.

최고의 학생들이 모인 카이스트에서 저는 지금 공부로 인한 스트레스 그리고 미래를 준비하는 교육기관에서 큰 부담감을 느끼며 앞으로 다가올 내일에 대한 두려움과 부족한 스펙에 불안해하며 힘들어하고 있습니다. 그런데 아이러니하게도 저는 지금 행복합니다.

고등학교 때 제가 겪은 행복은 공부라는 쳇바퀴 속에서 얻은 나의 자유를 담보로 한 행복이었습니다. 탈벤샤하르가 지은 책 《해피어》에서 말한 성취주의에 빠져서 맛없는 햄버거를 오로지 건강을 위해 먹고 있었습니다.

다시 말해 오로지 대학만을 목표로 삼아 살았고 공부했습니다. 대학교 자기소개서에 쓸 만한 활동들을 하느라 정작 내가 하고 싶었던 일들은 참으며 공부만을 했습니다. 그 가운데에 소소한 즐거움과 내가 1등이라는 도취감 속에서 행복을 찾았습니다.

하지만 지금은 그렇지 않습니다. 저는 제 삶에 있어 자유를 쟁취했습니다. 물론 집안의 강력한 권유로 수능을 다시 보아 의대에 붙고 한때나마 심각하게 미래에 대한 진로를 고민하기도 했습니다. 하지만 내가 지금 당장하고 싶어 하는 활동들(운동, 동아리 활동 등)과 내 인생의 속도를 직접 완급 조절을 해가며, 모든 것을 제 손으로 기획하고 실천하면서 살고 있는 지금의 저는 행복합니다.

물론 기계공학과에서 공부를 하고 있고, 그 공부를 완벽하게 하지 못해서 불안한 것도 있으며 미래에 무엇을 할지, 엔지니어로서의 삶을 충실히 살지 아니면, 친구들과 뜻을 모아 창업을 할지 정말 너무 많다 싶을 정도로 제게 주어진 자유에 혼란스럽지만 그 속에서 저만의 주관을 가지고 사는 것이 너무도 행복합니다.

카이스트에 다닌다는 것, 그것이 의미하는 바는 더 많은 자유를 의미합니다. 저는 자유로부터 시작되는 이 행복을 지금에서야 찾았습니다.

지금 제게 있어서 행복한 공부란 나의 미래를 직접 설계하고 내게 주어진 자유를 활용하기 위해 직접 하는 공부입니다. 저는 앞으로 사업이나 컨설팅 업계에서 일을 하고 싶습니다. 이를 위해 방에서 읽는 신문, 컨설팅 관력 서적, 컨설턴트들이 만들어 놓은 자료를 읽는 공부가 저는 너무나도 행복합니다.

'계기'와 '노력'의 공부 방법

추현원

키위멘토선생님
대전과학고 졸업
카이스트(KAIST)

행복한 공부를 하는 방법을 물어보면 대부분의 사람들은 모호하게 대답을 해주곤 합니다.

"열심히 하다보면 어느 순간 재미있어진다."

"관심 있는 공부를 하면 그게 흥미로까지 자연스럽게 이어질 수 있다."

그러나 이러한 좋은 조건들이 항상 갖추어져 있지는 않습니다. 열심히 해도 끝이 없는 길을 걷고 있는 것 같은 한심함을 느끼기도 하고 관심 있는 공부도 곧 지루해지기 마련이죠. 저 또한 학창시절 항상 어떻게 하면 공부를 더 재

있게 할 수 있을까 고민을 했던 거 같습니다. 그때 얻었던 몇 가지 경험들을 말씀드리고자 합니다.

저는 개인적으로 ‘자극이 될 수 있는 계기’와 ‘그 계기를 원동력으로 하는 꾸준함’ 이 두 가지가 공부를 손쉽게 할 수 있게 하는 중요한 가치라고 생각을 해왔습니다. ‘계기와 노력’이 중요하다는 것을 확실히 알고 있다면 그럼 그 계기를 어떻게 만들고 어떤 식으로 노력을 할 것인지가 중요한 과제가 되겠지요.

지금부터 말씀드리는 제 경험들은 모든 사람들에게 적용되지 않을 수도 있습니다. 각양각색의 개성을 갖고 있는 것이 사람이니만큼 저마다에 맞는 계기가 필요합니다. 저의 경우에는 다만 이런 계기들이 터닝 포인트라고 부를 수 있을 만큼 크게 작용을 했기에 말씀드립니다.

중학생 때의 계기는 ‘친구들’이었습니다. 중학교 1학년이 되자 초등학생 때는 함께 게임하고 놀던 친구들이 어느 순간부터 공부를 해야 한다고 하나둘씩 학원을 돌아다니기 시작합니다. 다들 학원을 쏘다니는 사이 저 혼자 집에서 멍하니 게임을 하다 보니 중학교 1학년 첫 중간고사를 시원하게 말아먹었습니다.

중간고사가 끝나고 사실 호기심 반, 오기 반으로 친구가 다니는 학원에 저도 등록해 달라고 어머니를 조르던 게 결정적 계기라면 계기랄까요? 게임을 하던 친구들을 그대로 학교에서 그리고 학원에서 만나게 되는 과정을 통해 학교에서의 성적 경쟁이 마치 게임 레벨 경쟁과 비슷하게 느껴졌습니다.

게임을 하면서 그랬듯이 서로 점수를 보고 자랑도 하고 놀리기도 하면서 서로가 서로에게 자극이 되었던 것 같습니다. 그 자극을 바탕으로 친구보다 성적을 더 잘 받으려고 노력도 열심히 했고요. 그렇게 조금씩 성적이 오르는데 재미를 느꼈던 기억이 있습니다.

그리고 그 자극을 계속 이어가기 위해 그 친구들과 함께하는 길들을 택했습니다. 그 친구들이 과학고 진학을 목표로 공부를 한다기에 저도 함께 따라다니면서 공부를 했고 이 친구들과 더 많은 시간을 보내기 위해 학교 선생님들께

양해의 말씀을 드리고 입시기간에는 친구들과 모여서 과학고 준비만 할 수 있는 방법도 마련하곤 하였습니다.

중학생 때에는 '친구들'이라는 계기가 절 공부하게 만들었고 더 큰 목표를 이루기 위해 더 많은 노력도 할 수 있게 했던 것 같습니다.

그런데 과학고에 진학한 이후 문제가 생겼습니다. 같이 공부를 하던 친구들이 과학고에 함께 진학을 하지 못한 것입니다. 자극이 될 수 있는 사람들은 없어지고 노력도 안하게 되니 성적이 떨어지는 건 불가피한 결과였죠. 그렇습니다. 저는 공부를 하는 법은 알았지만 '스스로' 공부하는 법을 몰랐던 것입니다.

한 학기를 바닥에서 헤엄치다가 방학 동안에 생각해낸 방법은 바로 '꾸미기'였습니다. 게임처럼 자극이 될 수 있는 과거의 경험이 뭐가 있나 찾아보던 중 제가 어릴 때 미술을 좋아했던 기억을 떠올리게 되었습니다. 새 학기가 시작하고는 과목별로 노트를 한권씩 준비하고 펜도 여러 색깔 펜을 구입해서 과목마다 한 권씩 나만의 노트를 꾸미기 시작했습니다. 시간은 굉장히 많이 들었습니다. 쪽마다 색색으로 꾸미는데 한참 걸릴 뿐만 아니라 필기된 게 마음에 안 들면 찢어버리고 같은 내용을 새로 그리고 예쁘게 필기하기를 반복했죠. 주위 사람들은 두 단원을 공부할 때 저는 단원 하나도 끝내기 힘들어 했던 것 같습니다.

근데 이 방법도 하다 보니 요령이 생깁니다. 시간이 갈수록 필기를 잘하게 되어 페이지를 찢어버리는 일이 점점 줄어들었고, 필기를 하는 데 걸리는 시간도 상당히 단축이 되었습니다. 그리고 덤으로 얻어가는 효과! 필기를 여러 번 반복하면 할수록 학습 내용이 더 오래, 더 많이 기억이 났고 그뿐만 아니라 잘 꾸며진 노트를 시간이 지난 후에 보게 될 때면 교과서를 보는 것보다 여러 배의 효과를 얻을 수 있었습니다.

‘꾸미기’를 위한 노트 필기가 ‘공부’를 위한 필기로 바뀌게 되면서 저의 성적은 다시 상승곡선을 치고 올라갔습니다. 제가 공들여 필기를 할 때마다 항상 구박을 하던 고등학교 친구들도 제 방법을 하나둘씩 따라하기 시작하더라고요.

대학에 온 지금도 중학교 때 '친구들'의 자극과 고등학교 때 '꾸미기' 자극을 적절히 사용하고 있습니다. 제 주위에 있는 우수한 사람들의 뛰어난 능력들을 보고 감탄을 하는 것과 동시에 공부에 대한 자극을 느낍니다. 그리고 지금도 수업시간 동안 짜임새 있는 필기를 하며 생각들을 체계적으로 정리하곤 하는 방법을 계속해서 이어가고 있습니다.

사회 공부하는 법

• 영상과 입체적인 연표를 활용하기

중학교 때는 무턱대고 사회를 외우기만 했습니다. 기원전 58년에는 뭐가 어땠다 등등 연도와 사건들을 줄줄이 외우는 걸로 사회공부를 해왔었죠.

고등학교에 올라와서 근현대사와 국사를 배우면서는 좀 다른 시도를 해보았습니다. 생각보다 과학고 학생들에게는 개인적으로 주어지는 시간이 많습니다. 그 시간에 다른 친구들은 실험을 하기도 하고 공모전 준비를 하기도 합니다.

저는 그 시간을 이용해 틈틈이 유튜브에서 동영상을 찾아보았던 기억이 있습니다. 생각보다 근현대사와 국사에 관해 좋은 동영상들이 많이 있습니다. 역사스페셜 같은 1시간 혹은 30분짜리 동영상들을 보고 공부를 하게 되면 어렵게 외우기만 하던 연도와 사건에 대한 지식들이 동영상의 순서와 매치가 잘 되면서 보다 쉽게 받아들일 수 있었습니다.

무엇보다 사회과 과목은 언제 어떤 일이 일어나고 끝이 났는지 그 전반적인 흐름을 잘 파악하고 있는 것이 중요합니다.

시작과 끝을 분명히 알고 있으면 그 사이사이에 일어난 작고 큰 역사적 사건도 쉽게 기억할 수 있기 마련입니다.

그리고 그러한 흐름을 파악하는 데 있어 중요한 분수령이 되는 것은 바로 '인과관계' 입니다. 앞서 어떤 사회에서 새로운 변화가 생겨 후대에 어떠한 영향을 주었고, 그 영향은 또 후대에 어떤 영향을 주었고 하는 식으로 모든 사건은 서로 꼬리가 꼬리를 물듯 이어집니다.

변화를 맞이하는 사회의 큰 흐름을 기본으로 두되 어떤 사건이 언제 일어났고 언제 끝이 났고, 그 사건의 중심에는 주요 인물 누구누구가 중요한 영향력을 행사했고 하는 등의 핵심 내용들은 한번쯤 정리해 보는 것이 좋습니다.

요즘에는 통합교과적인 내용들을 출제하는 경향이 커지고 있으니, 한 과목만 중점적으로 정리하기보다 이왕이면 큰 종이에다가 한국사, 동양사, 서양사의 주요 내용을 한눈에 알아볼 수 있도록 핵심만 콕콕 짚어보는 것도 좋습니다. 입체적인 연표를 만들어 정리하고 활용해 본다면 사회과 영역을 공부하는 데 큰 도움이 될 것입니다.

공부와 행복 사이에 있는
'꿈' 이라는 연결고리

노경희

International School of Brussels.
MUN(Model United Nations)
Speech Debate
카이스트(KAIST)

부모님은 공부를 잘하는 것이 가장 중요하다고 생각합니다. 특히 한국에서 부모들은 자식들에게 공부를 열심히 할 것을 강요합니다. 좋은 대학이 행복을 주고 사회적으로 인정받는 직업을 가지면 그들은 편안한 삶을 살 수 있을 것이라 믿으면서 학생들은 부모님들의 말씀을 따라 열심히 공부라는 '옳은' 일을 합니다.

공부를 나의 꿈까지 도달하는 하나의 과정이라고 생각할 때 꿈이 없는 노력과 공부는 허망하고 의미 없는 걸음에 지나지 않으며 그 자체에서 행복을 찾기란 어렵습니다. 공부를 단순한 학습이 아니라 학생 이후에도 자신에게 주어진 일을 마치는 책임의 완수와 자아실현이라고 의미를 확장해 본다면, 남들의 시선과 가치에 자신의 삶이 잠식된 상태에서는 '공부'가 행복을 가져다주지 않습니다.

결국 공부는 나의 가치가 반영된 명확한 꿈이 있을 때 행복으로 이어진다고 말할 수 있습니다.

선택의 기로에 놓였을 때 사람들은 자신이 원하는 것보다 사회적으로 인정받고 안정적인 삶을 선택할 때가 많습니다. 예를 들어 직업을 선택할 때에 의사, 판사, 변호사 같이 대다수의 사람들이 세워둔 기준에 순응하며, 그 기준 아래의 '좋은' 직업을 선택하는 사람들이 대부분입니다.

현재 많은 수의 이공계 영재들이 의대에 진학하는 현상도 꿈에 있어서 자신의 뚜렷한 주관을 유지하기보다 타인의 시선을 의식하는 사람이 많기 때문입니다. 돈, 명예 등 사람들이 보편적으로 우선하는 가치들을 아무런 비판 없이 수용하고 받아들이는 사람들이 많습니다.

하지만 사람들이 간과하고 있는 것은 개개인의 적성과 자신이 우선하는 가치는 사람마다 다르다는 사실입니다. 깊은 자아성찰 없이 맹목적으로 다른 사람들을 따르는 사람에게는 명확한 꿈이 있을 수 없고 결국 공부도, 그 사람의 삶 역시도 행복으로 이어지지 못합니다.

올해로 40살인 저희 사촌오빠는 부모님의 바람대로 전북대학교 의대를 졸업하고 개인병원에서 연 3억이 넘는 소득을 올렸지만 최근 과감히 병원을 매각하고 산업디자인학과에 입학하였습니다. 이를 통해 높은 소득과 사회적 명망이 행복의 충분조건은 아니며 자신만의 꿈을 갖는 것의 중요성을 알 수 있다고 생각합니다.

요즘 많은 사람들이 의사와 변호사를 최고의 직업으로 꼽습니다. 돈과 명예라는 기준에서 볼 때, 앞서 말한 직업만큼 이 기준들을 시원하게 충족시키는 직업은 얼마 없습니다. 하지만 사람들이 잊고 있는 것은 개인에게 행복을 가져다주는 기준과 가치는 사람마다 조금씩 다 다르고 행복의 조건을 획일화 할 수 없다는 점입니다.

직업과 꿈을 자신에게 세속적인 가치들을 실현하는 수단으로만 보지 않고 사람들이 자신이 하고 싶은 일을 하는 자체에서 얻는 보람과 긍지가 행복으로 이어진다는 사실을 깨달아야 합니다. 자신만의 꿈을 가질 때에 그 꿈을 이루는 과정인 공부가 행복할 수 있고, 또 꿈을 이루고 나서의 삶도 행복할 수 있습니다.

더 나아가 꿈을 이루는 과정으로서의 공부가 행복한 공부가 되려면 이러한 포인트를 놓쳐서는 안 됩니다. 공부를 할 때에 자신이 즐거워서 공부하는 것과 해야만 해서, 남들이 옳은 일이라고 하기 때문에 공부를 하는 것에는 확연한 차이가 있습니다. 원하는 공부를 할 때는 공부가 즐겁고 행복하기 때문에 효율이 있습니다. 공부를 해야 한다는 강박관념으로 공부를 할 때에는 한계가 있습니다. 하기 싫은 것을 하기 때문에 싫증이 나고 책상에 앉아 있는 시간이 많다고 해도 효율이 있지 않기 때문에 행복하게 공부를 하는 사람들과 결과적인 면에서 확연한 차이가 있습니다.

행복한 공부를 위해선 명확한 자신만의 꿈을 설정해 두

는 것이 선행되어야 합니다. 예전에 저는 왜 목표를 정하고 꿈을 찾아야 하는지 깨닫지 못하였습니다. 그저 부모님이 시키는 대로 공부를 열심히 하고 좋은 대학에 가고, 남들이 좋다고 하는 직업을 가지면 행복할 줄 알았습니다.

하지만 그렇게 타의에 의하여 공부를 하는 데에는 한계가 있었습니다. 제 꿈을 위하여 멀리 내다보고 공부를 하는 것이 아니라 현실에 직면한 공부만을 했기 때문에 진정으로 왜 공부를 해야 하는지 깨닫지 못했고 게임, 음악 등의 유혹을 쉽게 뿌리치지 못했습니다. 하기 싫은 것을 억지로 하니 스트레스가 쌓여갔고 노력한 만큼 결과가 좋지 않아 어느새 '공부는 어렵고 힘든 것'이라는 인식이 박히게 되었습니다.

어느 날 우연히 가족과 함께 본 TV 다큐멘터리에서 신약 개발을 통해 희귀병을 치료한 두 명의 동료 약사의 이야기를 보게 되었습니다. 몇 사람의 노력이 저렇게 많은 사람들에게 기쁨을 주는 큰 결실을 맺을 수 있다는 점이 놀라웠고 그 이후 나는 약사를 꿈꾸게 되었습니다. 그리고 그

큰 꿈을 위한 징검다리 목표로 카이스트 입학을 꿈꾸게 되었습니다.

꿈이 설정되자 내가 해야 할 일이 구체화되었고 공부와 노력의 방향이 명확해졌습니다. 더 이상 공부는 나에게 재미없고 하기 싫지만 해야 하는 일이 아닌 꿈을 향해 나아가는 과정이었고 행복이었습니다.

만약 카이스트에 가겠다는 저의 굳건한 의지없이 예전처럼 부모님이 원하는 대학에 가기 위하여 공부를 하였다면 목표를 향해 한 걸음씩 다가가는 성취감을 느끼지 못했을 것이며 공부가 지겹고 힘들었을 것입니다.

이렇듯 공부와 행복 사이에는 꿈이라는 연결고리가 있습니다. 나만의 꿈이 전제되지 않은 공부는 그 자체로도 행복하지 않고, 그렇게 타의에 의한 공부를 통해 도달한 꿈 역시 나에게 행복을 가져다주지 못합니다.

내가 하고 싶은 꿈이 있을 때 그 꿈에 다가가는 수단으로서 공부는 나에게 행복한 과정이 되며, 그 꿈을 이루고 난 삶도 행복해진다고 할 수 있을 것입니다.

최선이라는 말은
이 순간 내 자신의 노력이
나를 감동시킬 수 있을 때 쓸 수 있는 말이다.
- 조정래 작가 -

key
client
development
values
expertise
instructions
key
professional
key
help
professional
activities
seminars
help
instructions
professional
tasks
disciplines
sessions
tasks
teaching
answers
help
values
practice
values
teaching
client
help
workshop
methods
challenge
results
advice
key
client
answers
methods
development
help
methodologies
individual
individual
growth
professional
support
key
answers
client
disciplines
client
challenges
key
teaching
professional
help
seminars
growth
goal
development
training
values
development
tasks
opportunities
development
values
questions
professional
help
guidance
help
expertise
client
clever
activities
opportunities
help
teaching
values
disciplines
goal
key
tasks
help
COACHING

√9 + 7 =
y
x
0

김재윤

제주과학고 졸업
강의경력 최고
상위권, 중위권, 하위권 맞춤수업
카이스트(KAIST)

수학은 □ 이다

먼저 '수학'의 역사에 대해 말하고 싶습니다. 역사라고 해서 거창한 것은 아니고 단지 수 체계에 대해 이야기하려고 합니다. 인간은 물건의 수를 세기 위해 자연수의 개념을 만들었습니다. 그리고 계산을 하기 위해 덧셈과 뺄셈을 만들었지요.

이제부터 시작입니다. 자연수끼리 더하면 다시 자연수가

나옵니다. 하지만 뺄셈에서는 작은 수에서 큰 수를 빼면 자연수로 표현이 되지 않습니다. 그래서 사람들은 아무것도 없다는 뜻의 0과 0보다 작은 수 즉 음수를 만듭니다. 정수 체계의 완성입니다. 그 이후 같은 수를 여러 번 더하는 덧셈을 보완한 곱셈이 등장합니다. 역시 곱셈의 반대 개념인 나눗셈도 생깁니다.

그러나 여기서 다시 한 번 같은 문제가 생깁니다. 정수에서 정수를 나누면 항상 정수가 나오지 않는 것이죠. 사람들은 분수, 소수 즉 유리수를 만들어야 했습니다.

이젠 다시 과거의 반복입니다. 같은 수를 여러 번 곱하는 곱셈을 보완한 거듭제곱과 그 반대인 거듭제곱근이 만들어지고 역시나 2나 3같은 수는 제곱근이 유리수로 표현이 되지 않습니다.

또 한번 새로운 수 체계가 필요해진 것입니다. 이렇게 무리수까지 합세하며 실수 체계가 완성됩니다.

인간의 도전정신은 끝이 없어서 이제는 제곱근 안에 음

수를 넣고 싶어집니다. 문제는 같은 수를 두 번 곱해 음수가 될 수는 없다는 것입니다.

결국 사람들은 허수를 만들어 내기에 이르고 이것이 현재 우리가 배우는 복소수 체계의 전부입니다. 만약 복소수로도 불가능한 연산이 있다면 이는 새로운 수 체계의 필요를 말하는 것이겠지요.

저는 어렸을 때 이런 새로운 수 체계를 만들어 수학의 노벨상이라 불리는 필즈상을 받는 것이 꿈이었습니다. 물론 저로 인해 전 세계의 학생들은 더 고통 받을 수도 있겠지만 말이죠.

제가 시작부터 이 이야기를 하는 것은 단순히 수의 역사를 말하고 싶은 것이 아닙니다. 이 이야기를 통해 우리는 많은 것을 알 수 있습니다. 자연수, 정수, 유리수, 실수, 복소수로 이어지는 각각의 집합과 부분집합의 개념, 한 집합의 어떤 두 원소를 연산했을 때 그 결과가 항상 그 집합 안에 존재하는 연산을 말하는 '닫혀 있다'는 개념 또한 배울 수 있습니다.

이렇게 '수학'의 모든 것은 서로 밀접하게 연결되어 있어서 하나를 알고 나면 그 다음의 과정 또한 알 수 있습니다.

그렇다면 무엇이 지금의 '수학'을 만들어 냈을까요? 그것은 바로 관심입니다. 작은 수에서 큰 수를 뺐을 때 자연수가 나오지 않는다고 하여 영원히 그 계산을 하지 않았다면 우리는 지금껏 자연수만 가지고 덧셈, 뺄셈만을 하며 살고 있을 것입니다. 0보다 작은 수가 있을까 라는 작은 관심이 음수를 만들어 냈고 그렇게 '수학'은 발전해 왔습니다.

이러한 관심의 차이는 여러분의 생활에서도 나타납니다. 가령 게임 아이템을 사고팔 때 시세를 고려하여 가장 적합한 시기와 가격을 정할 때라든가 쇼핑을 하는데 옷, 액세서리들을 용돈에 맞게 계산하고 고를 때, 혹은 친구들과 함께 밥을 먹거나 놀면서 쓴 돈을 서로 나누어 낼 때를 생각해 봅시다.

쉽게 계산이 된다거나 오히려 평소보다 계산이 빠른 경

우도 있지 않나요? 어려운 수학문제가 아니라 단순한 산수라서 그런 걸까요? 그렇지 않습니다. 여러분이 그 일에 '관심'이 있기 때문입니다.

제가 수학을 공부하면서 가장 재미를 느끼고, 크게 관심이 갔던 부분은 바로 더 쉬운 풀이가 있다는 것이었습니다. 문제를 풀고 나서 답을 확인하기 위해 풀이를 보았는데 책에 나온 풀이보다 더 간단한 방법으로 문제를 풀었을 때 뭔가 짜릿한 기분이 들었습니다.

똑같은 수를 여러 번 더해 계산해야 하는 것을 곱셈으로 한 번에 계산하면 더 쉽게 계산이 되는 것과 같은 이치이죠. 원리는 같지만 더 간단한 방법이 있고 그것을 발견하는 것이 제게는 가장 큰 재미였습니다.

사소한 것에서부터 관심을 가져보세요. 조금만 관심을 가지고 '수학'을 대하다 보면 어느새인가 여러분도 수학이 재미있어지기 시작할 것입니다.

그렇다면 지금의 여러분은 어떻습니까? '수학'하면 어떤 단어가 떠오르시나요? 숫자, 계산, 복잡… 이런 단어들이 떠오르고 있지는 않나요?

저는 '수학'하면 '추리'라는 단어가 떠오릅니다. 내가 알고 있는 지식(공식)과 주어진 증거(문제에 나오는 모든 것)를 가지고 사건(문제)을 해결하여 단 하나의 범인(답)을 찾아내는 것이지요. 소설이나 영화에 나오는 복잡한 사건에 비하면 수학문제는 훨씬 해결하기 쉬운 사건일 것입니다. 문제에 모든 증거들이 훤히 보이기 때문입니다.

우리가 문제를 해결하기 위해서 필요한 건 단지 그에 맞는 지식뿐입니다. 하지만 대부분의 학생들은 '수학'이라는 말만 들어도 겁부터 집어 먹기 십상이고 제대로 된 관심조차 가져보지도 않은 채 무조건 싫다는 반응을 보이기 일쑤입니다.

단지 시험을 잘 보기 위해, 원하는 대학을 가기 위해 싫어도 별 수 없이 해야만 하는 '수학'으로 받아들이고 있죠. 결국 수십 개 유형의 문제를 수백 개, 수천 개씩 풀면서 문제 푸는 기계가 되는 수밖에 없다고 결정내리는 학생들이 많습니다.

기계 되기를 선택한 모든 학생이 느끼겠지만 이런 방법으로는 절대 수학에 흥미를 갖지 못할 것이며 잠시라도 손을 놓게 되면 금세 원위치로 돌아가게 될 것입니다. 왜냐하면 우리는 기계가 아니기 때문입니다.

'수학'은 논리의 학문입니다. 콜럼버스는 신대륙을 발견한 개척자인가, 인디언들의 터전을 짓밟은 침략자인가 하는 것처럼 사람의 입장과 생각에 따라 답이 여러 개일 수도 또는 답이 없을 수도 있는 문제가 아닙니다.

1 더하기 1은 2밖에 될 수 없는 것처럼 결코 변하지 않는 하나의 논리를 가지고 유일하게 존재하는 답을 찾아내는 것이 '수학'입니다. 공식을 외우려고 하기보다 이해하려고 해보세요. 공식이 만들어지게 된 원인을 찾고 그 원리를 이해하다보면 어느새 내 머릿속에는 저절로 공식이 남아 있게 될 겁니다.

‘수학’은 결코 멀리 있지 않습니다. 성적만 바라보고 쫓으려 하지 말고 ‘수학’이라는 학문 자체에 관심을 가진다면 오히려 ‘수학’이 여러분에게 문을 열어 줄 것입니다.

“어떻게 해야 수학을 잘하나요?”라는 질문에 저는 “수학을 좋아하라”고 말해주고 싶습니다. 제 글을 여기까지 읽었다는 것만으로도 이미 조금은 여러분이 관심이 생긴 것이라 믿습니다. 이 한 걸음이 여러분에게 ‘수학’을 잘 할 수 있게 해줄 계기가 되길 바랍니다.

자 그럼 이제 ‘수학’을 좋아할 준비가 되셨나요?

김도은

국어학원장
20년 경력의 언어영역 최고 강사

국어는 하나의 큰 덩어리

국어의 특징 중 '문법적 직관'이라는 것이 있습니다. 이것은 문법을 따로 공부하지 않아도 자연스레 모국어를 자유자재로 구사할 수 있는 속성을 말합니다.

일상생활에서는 별 문제가 없지만, 국어와 관련된 세부적 질문을 던지면 다들 고민 아닌 고민을 시작하며 어떤 말을 써야 할지 고심하는 경우가 많습니다.

'밥을 먹든지/먹던지, 너 하고 싶은대로 해라' 라는 문장에서 '-든지' 와 '-던지' 중에 어떤 것을 써야 옳은 것인지를 생각해 볼까요? '던지'는 과거를, '든지'는 선택을 할 경우 써야 하므로 위의 문장에서 밥을 먹는 것은 자기의 선택이니 '든지'를 사용하는 것이 맞습니다.

위의 경우처럼 시험에 나오는 문제들은 정확성을 요구합니다. 일상생활에서 자유롭게 의사소통하는 게 가능하고, 문맹률도 낮아 누구든지 글을 읽을 수 있기 때문에 우리는 국어를 쉽게 생각하는 경향이 있습니다.

"아, 어릴 때 책을 많이 읽히면 돼요. 매일 사용하는 말인데, 지금부터 할 필요는 없지요? 논술이나 시키다가 중·고등학교때 부족하면 학원 보내면 되지요."

이런 식으로 많은 학부모들은 국어에 대해 대수롭지 않게 생각하는 경우가 많습니다. 하지만 15년간 현장에서 아이들을 가르치며 부모님의 잘못된 생각 때문에 결국엔 아이들이 힘들어지는 경우를 많이 보았습니다.

국어는 초등학교, 중학교, 고등학교 국어가 따로 있는 것이 아니라, 하나의 큰 덩어리입니다. 초·중·고 국어가 하나의 덩어리 안에 섞여 있는 것이지요.

이해를 더하기 위해 예를 하나 들어보자면 우리나라 말 중에 '숫-'이라는 접두사가 있습니다. 이 접두사를 붙이면 수컷 동물을 뜻하는 단어로 변하는데, 숫쥐, 숫염소, 숫양 이렇게 3개를 제외한 나머지 단어에는 수탉, 수꿩처럼 '수-' 접두사를 사용합니다.

학교에 입학을 하면 받아쓰기를 하며 우리 말과 글을 익히게 되는데, 이때는 단어 형성의 원리를 헤아리기보다 무조건 암기를 해서 시험을 봅니다. 만약 아이들이 '숫-'을 사용하는 단어 3가지를 이미 알고 있다면 이것은 초등학교 국어로 끝나는 것이 아니라 중학교, 고등학교, 수능까지 유효한 장기적으로 활용할 수 있는 지식이 되는 것이지요.

이런 예가 국어 안에 무수히 많이 있습니다. 초등학교 때 이런 공부를 완벽하게 했다면, 고등학교 때 따로 공부하는 수고로움을 덜 수 있습니다.

또 부모님들이 많이 착각하시는 것 중에 하나가 '책을 많이 읽으면 국어를 잘할 것'이라는 기대입니다. 책을 많이 읽으면 도움이 되는 것은 사실이지만 책을 읽고도(책의 내용을 다 알고도) 시험에서 좋은 점수를 얻지 못하는 경우가 허다합니다.

드라마나 책을 읽고 난 뒤에 나누는 대화를 생각해보면, 사람들은 주로 자기에게 가장 인상 깊었던 장면을 이야기합니다. 하지만 작품의 대략적인 내용을 파악했다고 해서 온전한 감상을 했다고 할 수 있을까요?

부모님들은 아이들이 마지막 쪽까지 다 읽고 책을 덮으면 우리 아이가 책 한 권을 다 읽었네 하면서 대견해하지만, 실상 시험은 우리 아이가 기억하지 못하는 부분에서 출제될 때가 많습니다. 우리가 드라마를 보고 난 뒤 어떤 장면에 대해서는 까맣게 기억을 못하고 있는 부분이 있는 것처럼 말이지요.

그렇기에 한 권의 책을 읽은 것에 만족할 것이 아니라 글밥을 꼭꼭 씹어가며 읽었는지, 시험에 대비할 수 있는 능력을 키웠는지를 확인해야 합니다.

시험이란, 공부의 고수들이 내는 것입니다. 아이들이 어느 부분에 취약한지, 어느 부분을 놓치고 넘어가는지를 잘 알고 있는 사람들이지요. 그런 고수들 위에 있으려면 바로 정확성을 키워야 합니다.

학생들의 고질적인 문제 중에 하나가 문제를 대충 넘겨버리는 무성의함인데, 어릴 때부터 원리를 깊게 생각하고 문제를 꼼꼼히 풀어볼 수 있도록 습관을 들여준다면 그 학생은 장차 큰 성장을 이룰 것입니다.

학생들 스스로 정확성을 키워주면 고맙지만, 그럴 힘이 없는 아이들에게는 선생님이 훌륭한 길잡이가 될 수 있습니다. 열매를 따주지 않고 스스로 열매를 딸 수 있는 힘을 키워주는 사람, 아이들과 함께하는 선생님의 힘을 적극적으로 활용해 보십시오.

김동진

수리논술전문강사
카이스트 전문멘토
인천과학고 출신
두 단계를 뛰어넘게 하는 최강달인
교육전문기자

수리논술로 원하는 대학 가자!

최근 대학별로 수리논술을 입시 전형의 하나로 채택하고 있는 대학이 늘어나고 있습니다. 기존의 대학수학능력시험이나 학교에서 보는 내신시험과는 전혀 다른 유형에다 인문 논술과도 약간 다른 듯한, 정말로 생소한 시험 방식 때문에 골머리를 앓는 학부모와 학생들이 많을 거라 생각합니다.

　수리논술이라는 명칭조차 낯설어하는 여러분들의 이해를 돕기 위해 짤막하게나마 수리논술의 개괄적인 내용을 짚어보는 글을 써 보고자 합니다.

　문제를 풀다가 막힐 경우 학생들에게 출제자의 의도를 한번 파악해보라는 말씀을 많은 선생님들이 하고는 합니다. 무언가를 정확히 이해하고자 한다면 항상 문제를 해결하기에 앞서 이러한 현상이 왜 나타나게 됐는지 원론적인 이유부터 짚고 넘어가면 이해가 빠르기 때문에 그렇습니다.

　그러한 차원에서 왜 대학에서는 입학 시험의 한 방법인 수리논술로 학생들의 능력을 시험해보고자 하는지 그것에 대해 초점을 맞추어 생각해보면 좋겠습니다.

　수리논술이라는 게 대체 무엇인지, 공부 방법은 어떻게 준비해야 하는지, 그 밖에 수리논술에 대해 자주 나오는 질문들을 모아서 정리해 봤습니다.

1. 수리논술이란?

(1) 수리논술에 대한 오해

사실 수학 잘 하는 학생들 가운에 언어영역을 힘들어 하는 학생들이 상당히 많습니다. 말주변이 없는 학생도 의외로 많은 편입니다. 그러다 보니 수리논술의 '논술' 이라는 단어 때문에 수리논술이라는 말만 들어도 머리가 하얘지는 학생들이 많습니다. 실제로는 전혀 그런 것이 아닌데 말입니다.

수리논술은 수리와 논술이 합쳐진 글자 구조때문인지 몰라도, 수학도 잘 해야 되고 논술도 잘 해야만 할 수 있다고 생각하시는 학부모님들이 많습니다. 그래서 수학 학원에 논술 학원까지 같이 보내곤 합니다. 더구나 주변에 수학은 못 하는데 말주변은 괜찮은 아이가 수리논술에서 좋은 성적을 받는 것을 보면 '우리 아이는 말을 못해서 큰일이네' 라고 여기기 십상입니다.

한편에서는 수리논술을 어려운 수학이라고 생각하여 우

리 아이가 수학에 대한 심화학습을 들어야 한다고 생각하는 부모님들도 많습니다. 대체로 수학 전문 학원에 아이들을 맡기고, 고등학교 내신 수준보다 더욱 높은 수준을 갖추고 있는 고난이도의 학습내용을 아이들에게 가르치면 전보다 학습능력이 향상되어 올 거라고 기대를 하는 것이지요.

대략 이 정도가 수리논술에 대해 많은 사람들이 오해하고 부분이고, 수리논술하면 떠올리는 우리들의 선입견이자 현실입니다.

(2) 수리논술이란 무엇인가

그렇다면 수리라는 게 정확히 무엇일까요? 또 논술이란 무엇일까요? 국어사전을 보면 수리는 '수학의 이론이나 이치'를 뜻하고 논술은 '어떤 주제에 대해 논리적으로 서술하는 것'을 말합니다. 이를 잘 이어보면 수리논술의 진짜 의미를 파악할 수 있습니다.

　‘어떤 주제’ 라는 단어를 ‘주어진 문제’ 로 바꾸면, 수리논술의 진정한 목적이 나옵니다. 바로 ‘수학의 이론이나 이치를 이용하여 주어진 문제를 논리적으로 서술해 나간다’ 이러한 의미가 담겨 있는 것이 바로 수리논술입니다.

　그렇다면 수리논술과 대학수학능력시험간의 차이는 무엇일까요? 대학수학능력시험은 수학적 이해도도 평가하지만, 동시에 문제를 푸는 순발력도 평가하는 시험입니다. 시간 분배를 잘 하지 못해서 모든 문제를 풀지 못 하는 경우가 종종 나오는 것은 이러한 순발력을 연습하지 못했기 때문입니다.

　그러나 수리논술은 약간 다릅니다. 아무리 짧아야 2시간입니다. 수리논술 문제를 한번쯤 풀어보셨으면 아시겠지만, 여유로운 시간이 주어지는 건 아니어도 시간에 쫓겨가며 문제를 풀어야 될 정도로 시험시간이 촉박하지는 않습니다. 오히려 차근차근 생각하면서 풀어야 할 그런 문제들입니다.

(3) 기계에서 사람으로

잠시 재미있는 질문을 해 봅시다. 여러분들 수학을 왜 배우다고 생각하십니까?

전세계적으로 수학이라는 교과를 배우지 않는 나라는 없습니다. 이렇게 공통된 교과목이니 분명 중요하긴 하겠지요. 수학은 왜 중요한 것일까요? 우리가 살아가는 동안 미분, 적분이 필요한 것도 아니고, 로그함수를 직접적으로 쓸 일은 몇몇 경우를 제외하면 아예 없을 텐데요.

그 이유는 바로 다음과 같습니다. 수학은 논리로 이루어진 학문입니다. 그리고 가장 명료한 학문 분야이기도 합니다. 우리는 수학을 배우면서 개념을 이해하는 데 필요한 이해력을 배우고, 그 개념을 이용하여 문제를 푸는 데서 사고력을 배우고, 이 과정을 거치면서 논리적인 생각을 위한 머리가 자라게 됩니다.

우리가 수학을 배우는 이유는 수학의 어떤 개념이 중요해서 배우는 것이 아니라, 수학을 배우는 과정에서 이러한 이해력, 사고력, 논리력을 기를 수 있어서입니다. 어릴 때부터 할 수 있는 가장 효과적인 학습 방법이라 할 수 있겠습니다.

수리논술을 가르치는 선생님의 시각에서나, 그와는 무관한 일반인의 시각에서나 제가 수리논술에 대해 갖고 있는 생각은 매우 우호적입니다.

지금까지 수학능력시험이나 내신시험이 문제를 잘 푸는 아이를 길러냈다고 한다면, 수리 논술은 진정 수리적 사고를 잘할 수 있는 아이를 길러낼 수 있기 때문입니다. 문제 유형을 모두 외워서 빠르게 풀어대는 단순한 차원의 공부가 아니라, 깊은 생각을 통해 문제를 서술해 나가는 것이지요.

유형별 문제를 엄청나게 풀어대는 것은 기계입니다. 그러나 골똘히 생각하고 문제를 풀어 나가는 것은 사람입니다. 수리논술은 우리 학생들을 기계에서 사람으로 변하게 한 일종의 개혁이자 터닝포인트가 되고 있습니다.

2. 수리논술 전략

　수리논술 문제는 평소에 보지 못한 생소한 유형의 문제들이 다수 출제됩니다. 게다가 문제의 지문은 길게 글로 풀어서 나오기 때문에 예전처럼 문제만 보고 어떤 유형의 문제인지 바로 파악하고, 그것에 알맞은 풀이법을 적용해 접근하는 방식은 수리논술 문제 해결법으로는 적합하지 않습니다.

　더구나 몇 가지 종류의 개념이 한 문제 안에 섞여 있을 때가 많고, 문제를 출제하는 대학의 입장에서도 학교의 자존심과 관련되어 있기 때문에 난이도가 쉬운 문제는 좀처럼 내지 않습니다. 그래서 주로 고등학교 교과과정과 대학교 교과과정이 겹쳐져 있는 지점에서 많은 문제가 출제됩니다.

　개념과 개념이 복합적으로, 그리고 유기적으로 연결되어 있는 수리논술을 대비하기 위해서는 다음과 같은 방법이 필요합니다.

(1) 학습법

　수리논술을 위해 가장 먼저 해야할 사항은 개념을 제대로 이해하는 것입니다. 이 개념을 왜 배우는지 알아야 하고, 대단원이 끝나면 그 단원에서 개념의 흐름을 욀 수 있어야 합니다.

　이렇게 수학적인 개념을 하나하나씩 잇다 보면, 나중에는 고등수학이라는 거대한 나무 한 그루가 만들어지는 셈입니다. 왜 배우는지를 알아야 이를 문제풀이에 역이용할 수 있고, 이 나무가 만들어져야 융합 사고를 요하는 문제에서도 쉽게 접근할 수 있습니다. 또, 문제를 보다 논리적으로 풀 수 있게 됩니다.

　그 다음으로 중요한 사항은 서술하는 방법을 익히는 것입니다. 수학의 증명에 쓰이는 몇 가지 방법과 함께, 수학적인 논리를 서술하는 연습을 꾸준히 하면 말주변이 없는 학생일지라도 그 실력은 금방 늘어납니다. 서술하는 방법을 익히기 위해서는 기초가 탄탄해야 합니다. 수학의 기본적인 원리, 개념에 대한 이해가 체계적으로 잘 잡혀 있으면 아주 좋습니다.

(2) 대학별 전략

각 대학별로 뽑고자 하는 학생들이 다릅니다. 어느 대학이든 유능한 학생을 뽑고 싶어하지만, 대학의 레벨이라는 현실적인 조건을 감안할 수밖에 없습니다.

만일 수리논술을 엄청 어렵게 냈을 경우 레벨이 높은 대학에서는 학생들을 감별하기 쉽겠지만, 그 레벨이 상대적으로 낮은 대학에서는 모든 학생이 문제를 못 푸는 경우가 발생할 수 있습니다. 이런 상황이 발생하면 그 시험은 변별력을 잃게 되는 겁니다.

이런 상황을 방지하기 위해 대학 교수님들은 문제 출제를 우리 대학교에 입학할 만한 학생들의 수준으로 출제하십니다. 그래서 대학별로 유형을 분석하고, 이에 맞춰서 공부하는 게 무엇보다도 필요합니다.

(3) 성적별 전략

학생들의 성적 분포에 따라 어떤 사항을 우선적으로 고려하여 공부하면 좋은지 살펴보겠습니다.

– 상위권(1~2등급)

상위권 학생의 경우 수학의 이해가 잘 되어 있고, 서술 또한 잘할 것입니다. 이런 학생들에게 필요한 것은 '겁먹지 않기' 입니다. 수리논술의 특성상 시험지 두세 장에 글과 그림이 빼곡히 있는 걸 보면 위압감이 들기 마련이죠. 이때 문제에 제압당하면 그것을 잘 풀어내기가 힘듭니다. '나는 할 수 있다' 는 생각을 갖고 푸는 것이 가장 중요합니다. 그리고 이러한 자신감을 갖기 위해서는 반복해서 연습해보고, 첨삭을 받아야 합니다.

– 중위권(3~6등급)

중위권 학생들의 경우 수학에 투자하는 시간이 그리 많지 않습니다. 대부분 수학이라는 이름만 떠올려도 부담스

러워 하고, 피하고 싶어 하는 학생들이지요. 역으로 생각하면 공부 시간을 대폭 늘리기만 해도 성적을 올릴 기회가 많은 학생이라고 할 수 있겠습니다.

간혹 수학 공부에 많은 시간을 투자하는 중위권 학생들도 있지만 그 학습과정을 살펴보면 효율적이지 않기 때문에 노력한만큼 성적이 나오지 않는 경우가 많습니다. 중위권 학생들에게서는 다음과 같은 두 가지의 문제점을 발견할 수 있습니다.

1. 수학은 잘 하지만 문제 푸는 요령을 몰라서
   시간 싸움에서 지는 아이들

2. 문제를 많이 풀면서 익힌 요령으로 어느 수준까지는
   도달했지만, 그 이상이 잘 되지 않는 아이들

1의 경우에는 우선 문제 푸는 요령을 익히는 것이 필요합니다. 여기서 말하는 문제를 푸는 요령이란 문제에 접근하는 가장 빠른 방법을 의미합니다. 달리 말하면 어떤 개

념을 어떻게 사용할 것인지를 익히는 것입니다. 이를 익혀 놓으면 수리논술을 풀 때 경제적으로 접근할 수 있기에 문제풀이 시간이 많이 단축됩니다.

2의 경우에는 수학의 개념을 이해하는 것이 필요합니다. 아직 개념이 체계적으로는 잡혀 있지 않은 학생들입니다. 교과서를 읽고 해당 개념에 대해 깊이 생각하면서 큰 흐름을 이해하려고 노력해야 합니다. 이런 과정을 여러 차례 반복하다 보면 머릿속에 저절로 사고체계가 잡힐 것입니다.

3. 맺으며

수리논술, 낯선 유형의 시험이라는 사실은 틀림없습니다. 낯선 문제들을 풀어나가는 방법 또한 난해한 구석이 있지만 그 속을 한번 들여다 봅시다.

대학들이 왜 이러한 시험을 시행할까요? 수리논술은 대학교에서 우수한 학생들을 뽑기 위해 꺼내든 입시 유형 가운데 하나입니다.

단지 차이점이 있다면 수리논술은 일종의 논술고사이며, 기존의 다른 시험들보다는 수리적인 능력을 보다 심층적으로 평가할 수 있는 시험이라는 것이지요.

수학을 대학교에 입학하기 위한 수단으로 생각하지 말고 나 자신의 능력을 신장시킬 수 있는 하나의 과정이라 생각한다면 훨씬 마음이 편해질 거라 생각합니다.

무엇보다 기계처럼 풀지 말고 원리를 생각하며 풀고, 100문제, 200문제를 하룻동안 풀었다고 학습량에 만족감을 느끼기보다 질적인 만족감을 느낄 수 있는 공부를 하기 위해 집중해야 합니다. 수리적 사고를 기르다 보면 자연스레 수학 성적도 향상되고, 사고력과 이해력, 논리력에도 출중한 학생이 될 수 있습니다.

장애물이란
당신이 목표에서 눈을 돌렸을 때
보이는 무서운 것들이다.

당신이 두려워하고 있는 일을 실천하라.
그러면 그 두려움이 사라질 것이다.

R·E·A·L·S·T·U·D·Y
05
행복하게
공부하는 방법

🔷 첫째, 시간의 중요성을 인식하자

시간은 눈에 보이지 않기에 항상 남아도는 것처럼 느껴진다. 그러다가도 어떤 목표 상황 속에서 일을 제때에 마무리하지 못해 "시간이 없어서 못 했어요"라고 변명 아닌 변명을 하게 될 때가 많다.

사실 "시간이 없어서 못 했어요"하는 막연한 핑계보다는 "시간 관리를 못 했다"는 말이 문제 상황을 보다 정확하게 짚어낸 말일 것이다. 그렇다면 학습시간을 잘 관리하기 위해서는 어떻게 해야 할까?

오후 7:00～8:00	수학
오후 8:00～9:00	국어
오후 9:00～10:00	영어
…	

먼저 시간을 측정해서 자신의 공부속도를 알고 있어야 한다. 우리 학생들의 가장 큰 실수 중 하나가 바로 다음과 같은 계획표이다. 이것은 여러 가지 변수들을 고려하지 않은 일반적인 시간표이다. 각 과목별 공부 속도가 다르다는 사실을 전혀 인식하지 못한 채 세운 계획표이기에 효율적이지 않다.

초시계나 아이패드(스터디 매니저), 갤럭시 탭(스터디체커) 등의 프로그램을 이용하여 과목별로 시간을 꼼꼼하게 미리 체크해본다.

예를 들어 국어의 경우 문학과 관련된 문제를 풀 때 시간이 얼마나 소요되고, 반면 비문학 지문을 공부할 때는 어느 정도의 시간이 걸리는지 따져 본다.

수학이라면 집합 문제를 풀 때와 인수분해 문제를 풀 때는 얼마만큼 차이가 나는지, 내가 잘하는 단원과 취약한 단원은 무엇인지 등 여러 가지 요소를 꼼꼼하게 확인해야 한다. 이러한 과정이 선행되고 난 뒤에 계획표를 짜야 훨씬 학습 과정도 효율적이고 결과도 만족스럽게 나타난다.

더 나아가 '시간의 중요성'은 고학년으로 갈수록 더욱 절실하게 다가온다. 초등학교 때나 중학교까지는 소위 '머리'가 있으면 전교 상위 등수를 차지할 수 있다. 초·중학교까지는 시험범위가 그리 많지 않기 때문에 학습량도 단기간 내에 소화해낼 만하고, 수업만 열심히 들었다면 잠깐의 벼락치기 공부도 톡톡한 효과를 낸다.

하지만 인생의 진로를 좌우한다고 해도 과언이 아닌 고

등학교 과정의 공부는 '머리'도 필요하지만 뚝심 있게 '엉덩이'로 하는 공부 시간도 중요하다. 자기 머리만 믿고 엉덩이로 하는 공부를 가볍게 여기다가는 큰일 나게 된다.

그리고 다양한 방식으로 공부를 하다 보면 학습법에 대한 감이 생기게 된다. 개념을 이해하는 단계에서는 '머리'로 하는 공부가 주효하겠구나, 응용문제를 풀거나 학습한 주요 내용들을 확실히 내 것으로 만들기 위해서는 성실함을 바탕으로 하는 '엉덩이' 공부가 필요하겠구나 하는 판단이 바로 그것이다. 공부에 대한 이러한 감각은 가급적 빨리 길러주는 것이 좋다.

정해진 시간이 되면 의자에 반듯하게 앉아 책을 펼치고, 이러한 행동이 습관으로 굳는 순간 우리는 시간을 다스리는 훌륭한 지배자가 될 수 있음을 기억하자.

🔷 둘째, 정확성을 키우자

선생님이라면 한번쯤 이 말을 들어보았을 것이다.

시험을 보고 나면 아이들이 가장 많이 하는 말!

"알고 있는데 틀렸어요"

"선생님, 원래 알고 있었는데 잠깐 착각했어요"

대체 이런 현상이 왜 나타나는 걸까? 몰라서 틀렸다고 하면 당연한 일일 테지만 알고 있는데 틀렸다고 하면 좀처럼 납득하기가 힘들다.

이것은 바로 정확성이 부족한 데서 발생하는 실수라고

하겠다. 변별력을 따지는 중요한 시험이나 평가에서는 학습내용을 대략적으로 알고 있다고 해도 정답을 찾아낼 수 있는 만만한 문제가 얼마 없다. 중대한 시험일수록 학생들의 등위를 보다 세부적으로 나누기 위해 시험 범위 안의 작은 내용까지 따져 묻는 소소한 문제들이 적지 않게 출제된다.

출제위원들은 학생들이 미처 확인하지 못한 부분들을 귀신같이 찾아내서 시험문제로 출제하기 때문에 학생들은 규모가 큰 시험일수록 어려워 할 수밖에 없다. 어설프게 공부했다가는 그동안의 노력이 헛고생이 되어버릴 수도 있으니 항상 정확성을 기해야 한다.

정확성이 떨어지는 학생이라면 10문제 중 7~8문제를 운 좋게 맞혀서 70~80점 정도는 받을 수 있다. 하지만 그 이상의 점수는 절대 나오지 않고 결국 잘해봐야 80점 주변을 맴돈다. 정확성을 생각하지 않고 대강대강 공부하는 것이 하나의 학습 습관으로 굳어져버리는 순간, 그 학생은 더 큰 발전을 기대하기 어렵다.

큰 흐름을 잡은 뒤에는 작은 부분까지도 꼼꼼히 살펴보는 세심한 눈을 키우자. 뼈대를 세우고, 촘촘히 살을 붙여봐야 그동안 배운 것들이 온전한 내 것이 된다.

◆ 셋째, 선행보다는 심화에 중점을 두자

요즘에는 선행학습의 열풍이 워낙 거세서 고등학교 과정의 수학 정석을 초등학교 6학년 때부터 시작하는 경우가 적지 않다. 물론 이러한 경향은 학원이나 과외 같은 사교육 시장의 분위기가 사회 전반에까지 영향을 미치는 것이라 하겠다.

그런데 꾸준히 선행학습을 해 온 중2 학생의 수학 성적이 정작 80점대에 머무른다면 이런 현상은 어떻게 해석해야 할까?

　이것은 선행학습을 제대로 소화하지 못한 학생들이 경험하는 대표적 부작용이라 하겠다. 버거운 학습내용을 따라가야 하다 보니 몸도 마음도 지쳐버리고, 그나마 학원에서 속성으로 알려주는 몇 가지 공식으로 근근이 버티는 것이다. 이런 경우 선행학습이 과연 공부에 득일까? 실일까? 물론 공부를 잘하는 방법에는 여러 가지가 있을 수 있지만 이 모든 과정에서 반드시 필요로 하는 것은 선행보다 이미 배운 내용을 심도 있게 자기 것으로 만드는 심화학습의 반복이다.

　예습을 하고 싶다면 미리 교과서의 목차, 소제목, 굵은 글씨를 훑어보는 가벼운 방법도 좋다. 좀 더 하고 싶다면 수업 시간에 선생님이 하시는 말씀 중에 어느 것이 중심이고 어느 것이 곁가지인지, 책에 나와 있는 이야기니까 굳이 필기를 안 해도 된다고 판단내릴 수 있는 그 정도만 해두어도 충분하다. 너무 지나친 선행학습은 오히려 학생의 호기심을 반감시킬 뿐이다.

　심화학습을 진행할 때에는 주기적으로 꾸준히 공부하는

것과 공부할 범위를 영리하게 선택하는 것이 중요하다. 벼락치기 하듯 단시간에 몰아서 공부를 하기 보다 1시간, 하루, 3일, 일주일, 한 달 이런 식으로 자신만의 주기를 세워두고 복습하는 게 학습효과가 오래도록 지속된다. 그리고 학습 범위는 중요한 부분을 먼저 공부해서 흐름을 파악한 뒤, 본인이 취약한 부분을 추가적으로 복습하는 게 효율적이다.

◈ 넷째, 가치 있는 일과 가치 없는 일을 구분하자

《성공하는 사람들의 7가지 습관》이라는 책을 보면 스티
븐 코비 박사가 제안한 시간 관리 매트릭스가 등장한다.
긴급함과 중요함, 이 두 가지 요소를 기준 삼아 우리가 하
는 행위들을 4개의 유형으로 분류하는 것이다.

자기에게 주어진 일들을 4개의 틀 안에 넣어 분류하다
보면 당장 해결해야 하는 시급한 일, 다른 사안보다 많은
노력을 기울여야 하는 중요한 일, 일의 특성을 파악하는
것은 물론 자연스레 가치 있는 일과 가치 없는 일까지도

	긴급한 일	긴급하지 않은 일
중요함	**1** 긴급한 문제 마감시한이 다가온 일 위기 사태	**2** 독서습관 나의 가치관을 세우기 친구와의 관계, 건강관리
중요하지 않음	**3** 심부름 통학시간 드라마 보기	**4** 하찮은 일 게임, 전화, 메신저하기 시간 낭비성 활동

한눈에 파악할 수 있다.

중요도가 높은 일에 정확히 나의 관심을 조준해 놓고 집중할 수 있으니 좋고, 해야 할 일이 산더미같이 쌓여 있을 때에도 어떤 것부터 해결해야 할지 우선순위를 매길 수 있어 일처리의 효율성도 높아진다.

당장 시험이 코앞인데 주요과목의 학습량이 부족하다면 1의 위치에, 게임 캐릭터의 레벨업처럼 공부와 무관하고 시급하지 않은 일은 제일 나중인 4의 위치에, 그렇게 어렵거나 중요한 일은 아니지만 숙제처럼 기한이 정해져 있는 것은 3의 위치에 놓아 둔다. 그리고 당장 시급한 것은 아니지만 내 인생에 많은 영향을 미치는 친구와의 관계, 내 삶의 목표 등 가치관을 정립하는 깊은 생각, 장기적인 안목이 필요한 행위들은 2의 위치에 해당한다.

특히 우리가 주목해야 할 것은 학습의 성패를 가르는 2영역이다. 시험이 임박했다거나 당장 해치워야 할 숙제가 있는 게 아닌 이상 대다수의 학생들은 공부하는 시간을 하염없이 미루곤 한다.

평균점에 만족하지 않고 보다 높은 점수를 원하는 학생이라면 2영역에 집중해야 한다. 시간에 닥쳐서 어쩔 수 없이 시작하는 공부 말고, 자발적으로 연필을 들어 꾸준히 평소에 공부하는 2영역, 이 시간에 많은 노력을 기울일수록 차츰차츰 좋은 성과가 나온다.

반짝 공부해서는 좀처럼 원하는 결과를 얻을 수 없는 수학이나 영어처럼 많은 학습량을 요하는 과목, 성실한 독서 습관을 바탕으로 기를 수 있는 비판적 사고와 어휘력 등이 모두 2영역에 해당한다.

이러한 공부는 모두 긴 안목과 장기적인 시간투자가 필

요한 일들이니 2의 위치에 배치해두고 규칙적인 계획을 세우고 꾸준하게 공부하는 게 중요하다.

4영역의 일은 시간 낭비성 행동들이 대부분이지만 적지 않은 수의 학생들은 시시콜콜한 잠깐의 기쁨을 위해 틈틈이 시간을 흘려 보낸다. 사소한 기쁨을 위해 허비한 시간들을 쭉 더해서 그것을 일주일, 한 달, 1년의 시간으로 환산해 본다면 분명 어마어마할 것이다.

한번 더 강조하지만 2영역의 일은 내 평생의 자산이 되어줄 '나를 위한 투자시간'이다. 기나긴 시간 동안 꿈꿔 온 나의 목표를 꼭 이루고 싶다면 '천천히, 그리고 꾸준히' 가치 있는 일에 나의 역량을 쏟아 부어야 한다.

다섯째, 성실하게 뜨거운 가슴으로!

뿌리 내리는 길은 자연이 알아서 열어준다는 말이 있다. 그곳이 단단한 바위이건 무르디 무른 진흙밭이건 땅에 뿌리 내리려는 식물의 의지가 강하다면, 그리고 그 의지가 꾸준하다면 척박하고 단단한 땅이라 해도 결국에는 연약한 뿌리에게 길을 터주는 것이다.

공부뿐만 아니라 모든 일에 이러한 뿌리의 성실함이 필요하다. 내가 처한 환경이 어떻건 간에 열악한 조건을 극복하게 만드는 가장 큰 동력이 바로 성실함이며, 하루이틀

불타올랐다 이내 꺼지고 마는 시한부 의지가 아니라 성실함으로 다져진 굳건한 의지가 있어야 내가 가진 재능도 반짝반짝 빛날 수 있다.

미켈란젤로가 남긴 희대의 명작 〈최후의 심판〉을 여러분은 한번쯤 들어보거나 본 적이 있을 것이다. 몇 백년이 흐른 지금까지도 미켈란젤로가 남긴 작품을 보며 그의 천재적인 재능을 칭송하지만 작품 뒤에 가려진 미켈란젤로의 성실한 땀방울을 기억하는 이는 드물다.

시스티나 성당의 제단을 가득 메운 그 그림은 1534년부터 1541년에 이르기까지 무려 7년이라는 긴 세월에 걸쳐 완성되었고, 당시 그의 나이는 65세였다. 7년간 매일같이 붓을 들게 한 것도, 예순다섯의 노인이 열정을 꺼뜨리지 않고 새로운 하루하루에 도전할 수 있었던 것도 모두 성실함이라는 동력이 있었기에 가능했다.

매일매일 책을 읽어 책상 아래에 두 발자국을 깊게 새긴 장구성에게는 성실함이 인생의 기회가 되었고, 시력을 잃은 뒤에도 수학자의 길을 꿋꿋이 걸어간 오일러에게는 성실함이 재능을 꽃피우게 한 단비가 되었다.

성실함은 시간이 흐를수록 조용히 그 가치를 드러내고, 다른 역량들을 더 빛나게 하는 조력자 역할을 하기 때문에 평상시에는 그 중요성을 체감하지 못할 때가 많다.

성실함은 큰 집을 이루는 벽돌과도 같아서 그것들이 줄을 지어 차곡차곡 쌓이게 되면, 우리의 삶은 한층 견고해진다. 나의 땀방울로 쌓아 올린 집은 거센 바람이 불어닥쳐도 단단하게 견뎌낸다. 우리의 삶에 내실을 더하는 힘, 그것이 바로 성실함이다.

◈ 여섯째, 나를 속이는 공부는 이제 그만!

단어를 암기하며 몇 장의 깜지를 빼곡히 채우고, 문제집
을 몇십 장씩 풀어가며 만족할 만한 학습량을 채우고 나면
기분 좋은 피로감에 빠지게 된다.

수학 문제를 풀다가 막히는 부분이 있으면 해답지를 보
고 힌트를 얻어 문제의 답을 찾아낸다. 다음에 또 비슷한
유형의 문제를 만난다면 그때는 거뜬히 풀어낼 수 있을 것
같다. 수업 시간 동안 선생님의 설명을 듣다 보면 막히는
것 하나 없이 모든 내용을 잘 이해한 것 같아 굳이 복습할

필요를 못 느낀다.

위에서 언급한 모든 내용들은 공부하다가 학생들이 흔히 빠지게 되는 착각들이다. 특히나 기계적으로 많은 양의 공부를 하고 나면 피로감에 젖게 되는데, 내 몸이 피곤한만큼 공부를 열심히 하고 난 것 같아 학습의 질과는 상관 없이 큰 만족감을 느끼게 된다.

여기서 하나 짚고 넘어가야 할 것은 학습량이 많다고 해서 꼭 좋은 성과가 나오지는 않는다는 점이다.

사람은 좋은 것은 계속하고 싶어 하고, 싫은 것은 그만두고 싶어 하는 단순함이 있다. 따라서 내 손에 익은 것, 잘하는 것에는 시간을 계속 투자하려 하지만, 뼈아픈 자신의 한계가 드러나는 일이라면 회피하고자 하는 습성이 매우 강하다.

이러한 습성은 공부할 때도 마찬가지로 나타난다. 공부하다가 자꾸 막히는 부분을 만나게 되면 가슴속이 답답해지기 시작한다. 답답한 마음을 다스려가며 몇 번 더 문제 풀기에 도전하는 성의를 보이기도 하지만 결국 내 뜻대로 문제가 풀리지 않으면 짜증을 내며 아예 책을 덮거나 다른 과목으로 바꿔 공부할 때가 많다.

여러분도 잘 알다시피 이미 자기가 잘 아는 부분을 굳이 반복해가며 공부하는 것은 시간낭비일 뿐이다. 공부를 하긴 해야겠는데 내가 모르는 부분은 하기 싫고, 학습량이라도 확 늘려서 오늘도 공부 좀 했구나 하는 안도감, 만족감을 느끼고 싶은 것이다.

거짓된 공부로 위안을 얻으려 하지 말고 나의 문제점을 직시하자. 나는 특히 어떤 부분에 취약한지, 어떤 개념을 이해하는 데 속도가 더딘지, 개념을 알고 있는데 왜 응용이 안 되는지, 이런 식으로 아프더라도 계속해서 나의 약점을 건드려보고 살펴보아야 나의 부족한 부분들을 보완해 나갈 수 있다.

나의 문제를 있는 그대로 직시하는 것, 경제적이고 효율적인 공부로 가는 지름길은 여기서부터 시작한다.

그리고 또 한 가지 착각, 책상 앞에 앉아 있는 시간이 많을수록 공부를 많이 했다고 여기는 것이다. 타임워치를 준비해놓고 내가 순수하게 공부에 집중하는 시간이 얼마나 되는지 한번쯤 파악해 보자.

온전히 공부에 집중했을 때만 타임워치 버튼을 눌러 시간이 흐르도록 하고, 잡념이 생기거나 다른 일을 하게 되었을 때는 잠시 멈추어 놓는다.

물 먹으러 나가는 시간, 화장실 다녀오는 시간, 친구와 문자를 주고 받은 시간, 책상 앞에 멍하니 앉아 있던 시시콜콜한 시간을 빼버리면 정작 내가 공부한 시간은 그리 길지 않다.

책상 앞에 앉아 있었던 시간을 학습시간으로 착각하지 않기 위해서는 학습시간이나 학습량에 포인트를 두지 말고, 오늘 안에 도달해야 할 학습목표를 기준점으로 삼는 게 좋다.

가령, 오늘 2시까지는 화학을 공부해서 원소주기율표의 내용을 숙지한다, 3시까지는 국어를 공부해서 문장의 주성분과 독립성분, 부속성분에 대해 이해를 하겠다, 4시까지는 수학을 공부해서 삼각형의 꼭지각, 대변, 대각의 개념을 확실히 이해하겠다. 이런 식으로 구체적인 도달점을 정해 놓는 것이다.

두루뭉술한 학습량, 학습시간을 공부의 기준으로 삼는 것보다 학습목표, 성취해야 될 학습수준을 구체적으로 정해놓고 공부를 시작하는 것이 학습의 효율성을 위해서도 좋다. 더불어 내가 오늘 하루 만족스러운 공부를 했는지 안 했는지 파악하기도 쉽다.

시간만 낭비하게 만드는 '나를 속이는 거짓 공부'를 경계하자.

기억력을 높여주는
가장 좋은 약은

반복,
그리고 반복하는 것이다.

행복이란 무엇일까?

'행복이란 무엇일까?' 이것에 대해 고민하던 많은 철학자들이 있었다. 우리보다 먼저 오랜 시간 고심한 끝에 행복에 대해 정의 내린 여러 사람들의 말을 소개해 본다.

행복이란 자신이 가진 것을
최대한 활용할 줄 아는 능력이다.

Happiness is the ability
to make the most of what you have.
— Harper Collins publishers —

행복이 무엇인지를 생각할 때, 반드시 있어야 하는 것이 바로 '자기가 가진 것'을 모두 쏟아내는 전력투구, '마음속의 열정'이다. 그리고 그것들을 최대한 활용하고 불태우고 있는 순간순간 행복이 바로 우리 곁에 있는 것이다.

'자기가 가진 것'은 현재 내가 갖고 있는 실력을 의미하지, 더 없이 완벽한 실력을 의미하는 것이 아니다. 그 학생의 현재 실력이 50등이든지 200등인지는 전혀 중요하지 않다. 그저 '자기가 가진' 실력을 최대한 활용해서 '마음속 열정'의 불을 활활 태워서 공부하는 매 순간이 바로 행복한 공부로 가는 빠른 걸음인 것이다.

나의 모든 것을 쏟아 붓는 '집중의 힘'이 얼마나 대단한 것인지를 알려주는 옛이야기 하나를 소개한다.

한나라의 장수 이광(李廣)이 사냥을 나갔다가 무시무시한 호랑이를 만나게 되었다. 호랑이는 워낙 움직이는 속도가 빠르고 힘이 세서 호랑이를 향해 쏜 화살이 행여 빗나가기라도 한다면 그는 목숨을 잃을 게 뻔했다.

이광은 이 화살 하나에 자신의 운명이 달려 있다고 생각하고 온 정신을 집중했다. 숨을 고르며 마지막이 될지 모르는 활시위를 팽팽하게 잡아당겼고, 다행히도 화살은 호랑이에 명중했다.

화살에 맞은 호랑이는 약간의 움직임도 없이 쥐죽은 듯 그 자리에 쓰러졌다. 미동도 없는 호랑이가 이상하게 느껴져 가까이 다가가자 이광은 그만 깜짝 놀라고 말았다. 그가 쏜 화살은 호랑이가 아닌 돌에 박혀 있었기 때문이다.

이광은 그 모습이 신기해서 재차 돌을 향해 화살을 날려보았다. 하지만 조금 전과는 다르게 바위는 번번이 화살을 튕겨낼 뿐이었다. 호랑이를 잡겠다는 이광의 강렬한 의지와 집중력이 불가능한 일을 가능하게 만들었던 것이다.

그 일화를 두고 사람들은 가운데 중, 돌 석, 빠질 몰, 화살 촉. "정신을 집중하여 쏜 화살이 돌에 깊이 박히다"라는 뜻을 가진 고사성어 '중석몰촉(中石沒鏃)'을 만들어냈다. 한 개의 화살로 호랑이를 잡고야 말겠다는 집념이 불가능한 일을 가능하게 만든 것이다.

그런 마음으로 정신을 집중하여 가다듬고, 나의 꿈을 향해 열정을 가득 쏟는다면 우리에게도 무한한 가능성의 길이 열릴 것이다.

이렇게 나의 마음속을 충만한 행복으로 채우기 위해 자신의 모든 역량을 집중해 가는 동안, 행복의 좌표를 알려주는 멋진 사람들의 한마디에 귀를 기울여 본다면 우리는 더 큰 동력을 얻게 된다. 그들이 행복에 대해 남긴 말들을 한번 살펴보자.

행복의 비밀은 자신이 좋아하는
일을 하는 것이 아니라
자신이 하는 일을 좋아하는 것이다.

-앤드류 매튜스-

성공이 행복의 열쇠가 아니라
행복이 성공의 열쇠이다.
자신의 일을 진심으로 사랑하는 사람
이라면 그는 이미 성공한 사람이다.

-알버트 슈바이처-

Happiness is the meaning and the
purpose of life, the whole aim and
end of human existence.
행복이란 삶의 의미이자 목적이다.
인간 존재의 총체적 목표이자 끝이다.

-아리스토텔레스-

행복한 공부가 진짜 공부이다

초등학교 4학년인 현수도, 중학교 2학년인 동곤이도, 고등학교 3학년인 은지도 모두 인간이기 때문에 행복해지길 원한다. 그렇다면 학생들이 느끼고 생각하는 "행복"은 과연 무엇일까?

마음껏 노는 것이 행복할까? 누구의 간섭도 받지 않고 게임하는 것이 행복할까? 하고 싶은 운동을 마음대로 하고 싶을 때마다 하는 것이 행복할까?

물론 이런 것을 통해서 순간적 행복을 느낄 수 있지만,

행복을 장기적으로 지속시킬 수는 없다.

왜냐하면 학생이라는 사회적 역할이 있기 때문에, 놀고 게임하고 운동하는 것으로는 아주 찰나의 행복 정도만 느낄 수 있는 것이다.

학생들에게는 행복을 지속적으로 느끼게 해줄, 충만함을 맛보게 해줄 행복 구성 요소 중에는 공부가 큰 비중을 차지하고 있다.

장기적으로 행복한 감정을 지속시킬 수 있는지 아닌지를 기준으로 삼고, 그러한 시각에서 공부를 바라보는 것

또한 매우 의미 있는 접근일 것이다.

흥미로운 사실은 공부를 잘하는 학생일수록 행복 수치와 긍정 수치가 매우 높게 나타난다는 것이다.

교육청 통계에 따르면 "공부를 못하는 학생은 공부가 싫어서가 아니라 해도 안 된다"라는 생각에 지레 포기하는 경우가 반 이상이나 된다고 한다.

여기서 중요한 점은 본질적으로 학생들은 공부를 하고 싶어 한다는 점이다. 그것도 아주 잘해서 행복해지고 싶어 한다. 하지만 현재의 수업을 따라갈 수 없어서 혹은 공부 습관이 몸에 익혀지지 않아서 마치 다른 인생의 목표가 있는 것처럼 애써 공부에는 관심 없는 척 외면하며 이야기하고 있을 뿐이다.

그렇다면 행복해지고 싶어 하는 학생들을 위해 우리는 어떻게 해야 하는가?

단순히 성적 향상을 위한 방법을 주제로 삼고 싶지는 않다. 앞서 말했듯 자기가 가진 역량을 모두 모아서 공부에 몰입하는 경험을 한번이라도 해보는 것이 아주 중요하다.

굳이 공부가 아니더라도 운동, 음악, 미술 등 모든 분야에서 몰입의 대단한 힘은 맛볼 수 있다. 몰입이 선사하는 황홀함을 느껴봐야 공부도 그 이외의 모든 것에도 자신감이 붙고, 지혜롭게 나의 시간들을 주도해 나갈 수 있다.

몰입을 통해 생긴 자신감은 본인의 의지가 담겨 있는 공부로 이어질 테고, 그렇게 되면 그때부터 우리는 행복한 공부, 진짜 공부를 시작하게 된다.

행복한 공부를 가능케 하는 건 몰입의 힘으로부터 생겨나는 자신감, 그리고 한 가지 더 꿈이라는 확실한 목적지가 필요하다.

가끔 교육 일선에서 아이를 지도하다 보면 앞과 뒤, 먼저와 나중이 뒤바뀐 안타까운 모습을 종종 목격하게 된다. 수학 문제 하나를 더 풀고, 영어 단어 하나를 더 외우느라 정작 나의 깊은 내면을 들여다보는 큰 숙제를 해결하지 못하는 학생들의 모습을 볼 때 안타깝기 그지없다.

내가 잘하는 것, 앞으로 하고 싶은 것, 나의 호기심이 발동 걸리는 것, 나라는 사람에 대한 힌트가 순간순간 등장

했다 사라진다. 깊은 곳에 숨겨져 있는 나의 얼굴을 찬찬
히 잘 들여다보아야만 나의 눈빛 속에 가려진 내가 진짜
원하는 꿈도 찾을 수 있다.

  그리고 그 꿈을 향해 걷다가 가끔씩은 헛발도 짚고 굴러
떨어져서 다치고 해야 더 많은 것들을 배우고 느낄 수 있
다. 꿈의 좌표를 향해 꾸준히 한 걸음, 한 걸음을 옮기다
보면 우리는 험난한 산과 거센 물살의 강도 영리하게 헤쳐
나갈 수 있는 삶의 지혜를 얻게 된다.

  꿈이라는 목적지에 다다른 순간, 내 손에 넣게 되는 성
공의 열매는 그 크기가 크건 작건 행복함이라는 달콤한 맛
을 선물할 것이다.

100% 희망이 사라질 때까지
결코 불가능한 일은 없다고 생각해야 한다.
장애는 우리가 목표를 성취하기 위해 넘어야 할
하나의 단순한 단계에 지나지 않는다.

가능성을 가능으로 만들 수 있는 힘
그것은 우리 모두에게 잠들어 있다.

R·E·A·L·S·T·U·D·Y
독서에 관한 로드맵

존 스튜어트 밀은 말했다. 처음으로 독서를 할 때는 고통스러웠지만 이것이 기쁨으로 바뀌는 순간 실로 엄청난 변화가 일어난다고. 두뇌의 기쁨을 경험하게 해주는 최고의 방법 독서(Reading), 모든 공부의 시작은 책을 읽는 것에서부터 시작한다고 해도 무리가 없다.

우리는 책을 읽으면서 몰랐던 것을 배우고, 책 속의 삶을 간접경험하며 등장인물들의 슬프고 비참한 감정에 이입을 하기도 한다. 그 과정에서 눈물 흘리고 감동을 받다 보면 신기하게도 내 마음속 응어리진 감정까지도 순화되는 듯한 느낌을 받는다. 그래서인지 요즘은 '독서치료' 에 대한 연구도 많이 진행되고 있다.

고대 그리스의 어느 도서관에 가면 '영혼을 치유하는 곳' 이라는 글귀가 건물 입구에 적혀 있었다고 한다. 몇천 년 전의 그리스인에게도, 현대의 사람에게도 책은 사람의 지친 마음을 어루만져주는 좋은 친구임에 틀림없다.

이렇게 마음에 안식을 주고, 영혼의 치료제가 되어주는 책이지만 요즘 학생들은 예전 학생들에 비해 책을 읽어도 만족감이나 행복함을 덜 느낀다는 안타까운 연구 결과가 발표된 바 있다.

학생들의 독서 후 만족감이 최근 들어 떨어지게 된 원인은 독서가 강제성을 띄기 시작하면서부터이다. 대학교 시험에서 논술의 비중이 높아짐에 따라 어렸을 때부터 독서습관을 길러줘야 한다는 사회적 분위기가 형성되었고 이 분위기는 점차 과열되어 갔다. 그러한 가운데 책 읽기는 점점 아이들의 흥미를 충족시켜준다거나, 독서의 질을 높이려고 노력한다거나 하는 것 대신 부모의 욕심이 앞선 독서, 독서의 양을 중요시하여 쫓기듯 책을 읽는 왜곡된 부작용이 생겨난 것이다.

아이가 성장할수록 독서의 포인트는 조금씩 달라야 한다. 그래야 영양가 있는 독서를 할 수 있고, 독서에 투자하는 시간이 무의미해지지 않는다. 그래서 학생들의 독서에 도움이 될 만한 포인트들을 짚어가며, 독서에 관한 로드맵을 3단계로 나누어 제시해보았다.

◈ 1단계 초등과정

초등1~3: 엄마, 아빠와 함께하는 독서
초등4~6: 재미 위주가 아닌 학습을 위한 독서

아이가 초등학교에 들어가고 나서는 엄마, 아빠가 읽어 주는 책에 의존하지 않고 독립적으로 책을 읽기 시작하지만 여전히 부모의 손길이 많이 필요하다.

처음부터 글자가 너무 많은 책을 읽힐 경우 아이가 질릴 수 있으므로 글밥이 적당한 책, 책에 대한 흥미를 유지할 수 있도록 아이의 관심사와 관련된 책, 다양한 분야에 개념이 서기 시작하는 단계이므로 옳고 그름의 의미를 알아가고, 사회성을 길러주는 책 등을 권하는 것도 좋다. 아직

나이가 어린 만큼 책을 읽다가 중간에 포기하고 그만 읽는다 하더라도 독서 과정 자체를 많이 격려해주면서 독서에 대한 긍정적인 인상을 심어주도록 한다.

그리고 저학년일 때는 풍부한 어휘력을 가질 수 있도록 속담책을 함께 읽는 것도 좋다. 속담에는 우리 조상들의 지혜가 담겨 있을 뿐만 아니라, 직접적인 말 대신 에둘러 속뜻을 전하는 은유적 표현이 들어 있기 때문에 아이들이 옛 속담에 큰 재미를 느끼곤 한다.

고학년이 되면 다른 사람의 심리에 공감하는 이해의 폭이 넓어지며, 사고력도 좋아지고, 책 읽는 속도가 부쩍 빨라진다. 흥미 위주의 책읽기에서 벗어나 학습 독서가 시작되는 시기이기도 하다. 그리고 어린이를 대상으로 한 신문이나 잡지를 읽히며 상식을 넓히고 현실에 대한 감각을 기를 수 있도록 해준다. 이때쯤 되면 동화책, 본인이 좋아하는 책을 벗어나 다양한 분야의 책에 맛들일 수 있도록 기회를 만들어주는 것이 좋다.

요즘은 독서의 중요성을 인지하고 있는 부모님이 많아서 초등학생 때부터 독서습관을 잡아주려는 노력이 많은데, 간혹 부모의 욕심이 앞서다보면 아이들이 독서에 큰 부담을 느끼며 가짜 독서를 하고는 한다. 건성으로 여러 권을 읽기보다 1권의 책을 꼭꼭 씹어가며 정독하는 습관을 만들어주는 것이 중요하다는 것을, 글자를 읽는 것 말고 글에 숨어 있는 진짜 의미를 읽어내어 생각의 폭을 넓히는 것이 진짜 독서라는 사실을 아이들에게 꼭 인식시켜주도록 하자.

초등학생 권장도서

책제목	작가	출판사
라이카의 별	박병철	킨더주니어
과학 올림피아드	김진규	문공사
왼쪽 주머니의 동전을 옮겨라	이기호	달과소
아만다의 아하 곱셈구구	신디 누시원더	청어람미디어
그래서 이런 법이 생겼대요	우리누리	길벗스쿨
우리 아이의 즐거운 일기쓰기, 독서록쓰기	강승임	아주큰선물
마법의 설탕 두 조각	미하엘 엔데	소년한길
세상을 바꾼 위대한 책벌레들	김문태	뜨인돌어린이
100만 번 산 고양이	사노 요코	비룡소
(즐거운 미술관) 박수근 마을에 놀러 가요	임수진, 안성희	나무숲
비 오는 날	유리 슐레비츠	시공주니어
공부가 되는 논어 이야기	공자	아름다운사람들
꿈을 꾸렴 아빠가 너를 응원할게	안상헌	토토북
선택한다는 것	김경선	장수하늘소
곰이 된 아이	재키 모리스	상수리
생각나무	백명식	달과소
나무밥그릇	이상득	일곱난쟁이
저녁별	송찬호	문학동네
동물들도 집이 있대요	르네 라히르	사계절
2등을 기록하는 역사책	이향안	현암사

⬥ 2단계 중등과정
관심의 폭을 넓히는 책 읽기

중학생이 되면 기본 어휘력이나 논리력이 뒷받침이 되기 때문에 본격적으로 다양한 분야의 책을 소화할 수 있다. 더불어 진로탐색이나 꿈에 대한 고민이 생겨나는 때여서 다양한 세계로 눈을 돌리는 등 관심사도 부쩍 많아진다. 그리고 입시에 대한 압박이 고등학교에 비해 상대적으로 덜하기 때문에 다양한 분야의 책을 맘껏 읽을 수 있는 소중한 시기이기도 하다.

요즘 학생들은 웹툰, 카카오톡, 휴대폰 문자메시지처럼

짧은 글에 길들여져 있어서 장문의 글을 마주하면 몹시 힘들어 하고 집중력이 많이 흐려진다. 이럴 때는 아이가 직접 서점에 가서 다양한 책을 들추어보고, 스스로 읽고 싶은 책을 선택해서 사올 수 있도록 책에 흥미를 붙일 수 있는 기회를 자주 만들어주면 좋다. 긴 글 읽는 것 자체를 너무 힘들어 한다면 판타지 소설처럼 흥미를 유발할 수 있는 장르의 책을 권하는 것도 괜찮다.

어느 정도 독서습관이 형성된 학생이라면 지적, 정서적 발달에 많은 도움을 주는 문학의 정수 고전(古典)에 도전해본다. 고등학교에 올라가면 문학 책이 14종이나 되기 때문에 방대한 양의 문학작품을 그제서야 읽으려 한다면 다소 늦은 감이 있고, 과중한 입시공부를 수행하면서 독서에 시간을 투자하기가 힘들기 때문에 중학생 때부터 대표적인 문학작품들을 차근차근 읽어나가도록 한다.

그리고 책을 읽는 선에서 그치지 말고, 글짓기·독후감 등을 활용하여 다양한 분야의 인풋과 생산적이 아웃풋이 동시에 이루어질 수 있도록 한다.

중학생 권장도서

책제목	작가	출판사
딸아 외로울 땐 시를 읽으렴	신현림	걷는나무
작은 기도	이해인	열림원
완득이	김려령	창작과 비평사
마시얼의 27일간 경제탐험	차성훈	파라주니어
청소년을 위한 소크라테스와의 대화	플라톤, 이한규	두리미디어
백설공주는 왜 자꾸 문을 열어 줄까	박현희	뜨인돌
엉뚱한 발명 연구소	이언영	피당
열다섯 살의 용기	필립 후즈	돌베개
정호승의 인생 동화 울지 말고 꽃을 보라	정호승	해냄출판사
말이 세상을 아프게 한다	오승현	살림FRIENDS
토요일의 심리 클럽	김서윤	창비
과학자의 서재	최재천	명진출판사
부끄러움들	정영선	낮은산
어쩌다 중학생 같은 걸 하고 있을까	쿠로노 신이치	뜨인돌
멀티 유니버스	브라이언 그린	김영사
(중학생이 되기 전에 미리 읽는) 한국대표단편소설	초록동화연구회	달과소
발칙한 과학	히라바야시 준	이치
파리대왕	윌리엄 골딩	민음사
도덕을 위한 철학통조림 매콤한 맛	김용규	주니어김영사
어린 왕자	생텍쥐베리	비룡소

🔹 3단계 고등과정
비판적 사고를 깨워주는 책 읽기

고등학생 이상이 되면 독서 성숙 단계에 이르게 되어 다양한 분야의 책을 자기주도적으로 읽을 수 있다.

독서를 통해 얻은 정보를 자신의 구미에 맞게 재가공하면서 새로운 가치를 찾아낼 수도 있고, 무엇보다 작가의 목소리를 들은 뒤 무조건 그 의견을 수용하는 게 아니라 자기 주장도 펼 줄 아는 '비판적 사고'가 발달한다.

이때는 입시와 밀접한 연관이 있는 시기인만큼 긴 글 속에서도 자기가 필요한 부분은 빠르게 흡수하여 취하는 경

제적인 독서법이 필요하다.

중심내용과 곁가지들을 분류해내어 글의 뼈대를 파악하는 섬세한 눈, 작가가 글을 통해 어떤 방식으로 문제를 제기했는지, 어떤 메시지를 전달하고자 하는지, 책을 모두 읽고 난 뒤 취할 것은 취하고 버릴 것은 버릴 줄 아는 정보 선별 능력, 거기에 비판적 사고를 더해 나의 생각을 차근차근 글로 옮겨 적을 수 있는 논술 능력, 글의 종류에 따라 읽는 방법을 달리 하는 센스와 순발력까지 복합적인 읽기 능력을 필요로 한다.

고등학생 권장도서

책제목	작가	출판사
호모 루덴스 놀이하는 인간을 꿈꾸다	노명우	사계절
괜찮아 열일곱 살	이나미	이랑
10대와 통하는 우리말 바로쓰기	최종규	철수와영희
청춘을 뒤흔든 한 줄의 공감	다니엘 리	아름다운사람들
철학이 필요한 시간	강신주	사계절
베르나르 베르베르의 상상력 사전	베르나르 베르베르	열린책들
나를 찾습니다	마르틴 라퐁	개마고원
지금 고민한 만큼 너는 단단해질 것이다	존 맥스웰	애플북스
마에스트로	자비에 로랑 쁘띠	바람의 아이들
화가들의 초대	이일수	구름서재
민주주의를 만든 생각들	구민정, 권재원	휴머니스트
정당한 위반	박용현	철수와영희
상식의 배반	던컨J.와츠	생각연구소
선비, 왕을 꾸짖다	신두환	달과소
손가락에 잘못 떨어진 먹물 한 방울	조현설	나라말
남겨진 역사 잃어버린 건축물	조나단 글랜시	멘토르
판도라의 도서관	크리스티아네인만	예경
길에서 어렴풋이 꿈을 꾸다	이동진	예담
나는 한 번이라도 뜨거웠을까?	베벌리 나이두	내인생의책
청소년 코끼리에 맞서다	나탈리 르비살	한울림

10분 뒤와 10년 뒤를
동시에 생각하라
-피터 드러커-

KAIST 공부콘서트

설명회와 문화공연의 화려한 만남!

■ **상담 및 접수** 전화 1600-3653 / 홈페이지 www.행복한공부.com

공부법을 설명하는 설명회는 지루하고 딱딱하다. 학원에서 하는 설명회를 가보면 비장한 표정으로 몇몇 통계 자료를 얘기하는 선생님들과 굳은 얼굴로 무언가를 열심히 받아적는 학부모님들뿐이다.

KAIST 공부콘서트는 지금까지의 설명회와는 전혀 다른 형식의 설명회이다. 설명회에 문화 공연을 곁들인 콘서트 형식으로 진행되며, 수학, 과학, 영어에 특화된 카이스트 멘토 선생님들이 자신들의

▪ 김동진

수리논술 전문강사
카이스트 전문멘토
두 단계를 뛰어넘는 최강달인
교육전문기자

▪ 김재윤

강의경력 최고 수학강사
카이스트 전문멘토
상위권, 중위권, 하위권 맞춤수업

▪ 노경희

International School of Brussels.
MUN(Model United Nations)
Speech Debate
카이스트 전문멘토

경험, 자기주도학습법, 자신의 숨겨진 능력 찾는 방법 등을 알려주고 그와 더불어 문화공연도 진행한다.

KAIST 멘토선생님들의 이야기도 듣고, 문화공연도 감상할 수 있는 공부콘서트는 기존의 딱딱한 설명회 느낌을 줄이고, 학생들과 학부모에게 신선한 볼거리와 공부에 대한 전반적인 부분을 동시에 전달한다는 점에서 획기적이라는 평을 받는다.

KAIST 멘토와 함께하는 리얼스터디

행복한 공부

초판 1쇄 펴낸 날 2012년 10월 15일

지은이 정영출
펴낸이 은보람
펴낸곳 도서출판 달과소
출판등록 2010년 6월 21일 제2010-000054호
주소 우) 140-902 서울시 용산구 후암동 403-15
전화 02-752-1895 | **팩스** 02-752-1896
전자우편 book@dalgwaso.com
홈페이지 www.dalgwaso.com
찍은곳 한빛인쇄

정가 10,000원
ISBN 978-89-91223-49-3 [43040]